1
uno

¡Avancemos!

Pre-AP* Assessment

HOLT McDOUGAL
a division of Houghton Mifflin Harcourt

Contents

Examen Lección preliminar 1

UNIDAD 1

Examen Lección 1 11

Examen Lección 2 23

Examen Unidad 1 35

UNIDAD 2

Examen Lección 1 47

Examen Lección 2 59

Examen Unidad 2 71

UNIDAD 3

Examen Lección 1 83

Examen Lección 2 95

Examen Unidad 3 107

UNIDAD 4

Examen Lección 1 119

Examen Lección 2 131

Examen Unidad 4 143

Examen de mitad de año 195

UNIDAD 5

Examen Lección 1. 170

Examen Lección 2. 182

Examen Unidad 5 194

UNIDAD 6

Examen Lección 1. 206

Examen Lección 2. 218

Examen Unidad 6 230

UNIDAD 7

Examen Lección 1. 242

Examen Lección 2. 254

Examen Unidad 7 256

UNIDAD 8

Examen Lección 1. 278

Examen Lección 2. 290

Examen Unidad 8 302

Examen final. 314

Answer Key. 329

To the Teacher

The *¡Avancemos!* Assessment Program includes a complete array of differentiation options for assessing students' knowledge of Spanish.

The four assessment options are:

1. **On-level:** These tests are for the average student. Their degree of complexity matches the activities in the pupil edition. These tests match the most commonly-held expectations that teachers have for their students.

2. **Modified:** These tests are for students with some learning difficulties. Activities in the modified tests are more guided and provide more support for students as they produce the target language. Students who take the modified tests are required to produce the same lesson or unit content as students who take on-level tests, but do so under more structured circumstances.

3. **Pre-AP*:** These tests are for high-achieving students. They require that students produce the target language with a minimum of support and guidance. These tests have more open-ended questions that offer students the opportunity to expand and elaborate upon their answers, and to use the target language at a more sophisticated level. In *¡Avancemos!* level 3, new question-types are introduced that follow the format of the Spanish AP language test, further preparing students for success at the Advanced Placement level.

4. **Heritage Learners:** These tests are designed for students who have prior experience hearing and speaking Spanish at home. Students are held responsible for producing the target lesson or unit language, and are also given the opportunity to take advantage of their prior knowledge of Spanish. These tests are entirely in Spanish.

All tests require students to correctly produce the target grammar and vocabulary taught in the program. The difference between levels lies in the scope and complexity of the assigned linguistic tasks and in the degree of support provided for completing each activity.

---

* Pre-AP is a registered trademark of the College Entrance Examination Board, which was not involved in the production of and does not endorse this product.

QUIZZES

Quizzes may be used as additional practice or as an assessment tool. Each quiz supports a specific section of the pupil edition and is designed to assess recognition and production of the target language at a fairly discrete level. Quizzes are not leveled.

There are five 1-page quizzes for each lesson:

Vocabulary Recognition Quiz: This multiple-choice quiz checks students' ability to recognize the lesson vocabulary. It may be assigned at any time, but is designed to support the *Presentación* and *Práctica de vocabulario* sections of the lesson.

Vocabulary Production Quiz: This quiz asks students to produce the lesson vocabulary. It may be assigned any time after the vocabulary is presented, but is designed to correspond to the *Vocabulario en contexto* section.

Grammar Quizzes: There are two quizzes per lesson, one for each grammar presentation. Quizzes also cover the short grammar points taught in the *Notas gramaticales*.

Culture Quiz: Each culture quiz targets the cultural information covered in the lesson. It includes topics covered in the *Comparación cultural* features, *Lecturas culturales*, and *Proyectos culturales*.

TESTS

The *¡Avancemos!* Assessment program offers lesson-level and unit-level tests. Each test begins with a list of goals linking the test to the corresponding pupil edition lesson, and ends with a checkbox of goals achieved.

Each test has six sections: Listening, Vocabulary and Grammar, Reading, Culture, Speaking, and Writing.

Escuchar This section assesses students' comprehension of the language taught in each lesson or unit in context. Teachers may administer the listening section simultaneously to a mixed classroom of students, since the Modified, On-level, and Pre-AP tests share the same listening passage. Each test varies the difficulty of the questions and the amount of support according to its level. The listening selections for Heritage Learners are unique, and offer a more rapid pace and richer language, suitable for this audience.

Vocabulario y Gramática This portion of the test assesses students' ability to produce the target vocabulary and grammar under fairly controlled circumstances.

Leer This section assesses students' ability to comprehend a short reading passage that incorporates the target lesson or unit material. The first activity focuses on straightforward comprehension. The second activity asks more open-ended or personalized questions related to the reading. Heritage Learners are encouraged to contribute their views based on their cultural background.

Cultura This portion of the test assesses factual knowledge and also tests students' comprehension of the cultural concepts taught in the lesson.

Hablar In levels 1 and 2, this section provides an open-ended speaking task that encourages students to use all the language they have learned in the lesson or unit, in a creative, communicative way. The On-level and Modified tests in level 3 follow the same format.

The Speaking sections of the Pre-AP and Heritage Learners tests in level 3 are specifically designed to prepare students for the Spanish Language Advanced Placement Test. The tests follow the format of two question-types that are new to the Spanish Language AP test. In the first type, students read a short passage and then listen to an audio selection on a related theme. Then students prepare an oral presentation that integrates information from these two sources. In the second type, students take part in a directed conversation, responding to informal audio prompts based on an outline of the conversation.

Escribir In levels 1 and 2, this section provides an open-ended writing task that encourages students to use all the language they have learned in the lesson or unit, in a creative, communicative way. The On-level and Modified tests in level 3 follow the same format. Writing tasks may be formal or informal in nature.

The Writing sections of the Pre-AP and Heritage Learners tests in level 3 are designed to help prepare students for the formal writing portion of the Spanish Language Advanced Placement Test. The *¡Avancemos!* tests offer a slightly modified version of the formal writing task on the Spanish Language AP test, as a building block toward successful completion of the full, AP-level task. On the *¡Avancemos!* tests, students read a passage and listen to an audio selection on a related theme. Then students prepare a formal writing passage that integrates information from these two sources. The Advanced Placement test requires students to read two passages, listen to an audio selection, then complete a formal writing task. The *¡Avancemos!* formal writing task gives students practice in completing a multi-step test section on a more manageable scale.

DIAGNOSIS AND REMEDIATION

Each test includes easy-to-use diagnostic check-boxes in every section of the student answer sheet. When students receive their answer sheets back, they have a built-in indicator of how well they've done, and where to look for further support if it's needed. (With page numbers!) In addition, teachers can assign the corresponding Reteaching and Practice Copymasters to remediate targeted weak areas.

DIFFERENTIATION WITHIN THE *¡AVANCEMOS!* ASSESSMENT PROGRAM

Each differentiated test within the *¡Avancemos!* Assessment Program assesses the target language presented in the student text. Students are expected to produce the same lesson or unit material, but at varying levels of complexity. Students who successfully complete any of the tests can progress to the next lesson with confidence that they have a solid foundation to built upon.

On-level Assessment Teachers will find that these tests and quizzes are appropriate for a majority of their students. Their degree of complexity matches that of the student text. These assessment instruments meet expectations that teachers have for their students who are performing at grade level.

Modified Assessment These tests are a modification of the On-level lesson and unit tests, and are designed for students on Individual Education Plans or for any student experiencing challenges learning Spanish or in a test-taking environment. These tests differ from the On-level Assessment in that the directions provided may be more thorough, activity-types are generally more structured, and more support is provided to correctly complete the exercises. Even with these modifications, students must produce the target lesson or unit language in order to be successful.

Pre-AP Assessment These tests are designed for faster-learning students and expect them to complete the assigned tasks with less-detailed support. The Pre-AP Assessment offers students the opportunity to understand and produce the target language at a more sophisticated level, to expand and elaborate upon their answers, and to perform more open-ended linguistic tasks. At level 3, the speaking and writing sections offer practice with the question types that appear on the Spanish Language Advanced Placement Test.

Heritage Learners Assessment The Heritage Learners Assessment, written entirely in Spanish, is for students who have prior experience hearing and speaking Spanish in their home or community. These tests incorporate high-frequency language and structures that native speakers are likely to know, even though they may not have been formally taught in the program. Also, activities may call for more complete or detailed answers, as well as production of more sophisticated and complex language than non-natives in the same class would be able to produce.

To encourage correct written usage, the writing task in the Heritage Learners Assessment includes a checklist to help students self-correct errors that are common among native speakers.

At level 3, the speaking and writing sections offer practice with the question types that appear on the Spanish Language Advanced Placement Test.

BACK-TO-SCHOOL DIAGNOSTIC

Back-to-School Diagnostic The Back-to-School Diagnostic, found in the On-level Assessment book, is a practical six-page test that will indicate the material that students may need to review before moving forward to learn new material. (There is no diagnostic for Level 1.)

Heritage Learner Diagnostic The Heritage Learner Diagnostic test helps teachers place heritage learners in the most appropriate classroom, whether beginning, intermediate, or advanced Spanish. In addition, it will help teachers determine which students in their class will benefit most from the activities in the *Cuaderno para hispanohablantes* and which students will benefit more from the mainstream workbook activities.

The Heritage Learner Diagnostic is largely reading- and writing-based. The Diagnostic focuses on assessing comprehension and production of the language, and increases in complexity as the students move through the Diagnostic. Part 1 tests students' knowledge of basic vocabulary and grammar, for placement in the appropriate level class (level 1, 2, or 3). Parts 2 and 3 include activities that test reading and writing skills. If you decide to assign the *Cuaderno para hispanohablantes*, students' performance on this section will indicate the appropriate level of difficulty within the *Cuaderno para hispanohablantes*. The leveled practice pages labeled A, B, or C are written at three levels of difficulty, from easiest (A) to most challenging (C).

Students are graded from 1–100, and the diagnostic is based on point ranges:

Scale	Diagnosis	Grade Level Assignment	Workbook Level Assignment
0–10	Level of Spanish is almost equivalent to a monolingual English Speaker	stays in assigned level	*Cuaderno: práctica por niveles* (mainstream workbook)
11–40	Has basic knowledge of Spanish, may learn to read and write more easily than a non-native speaker	stays in assigned level	*Cuaderno para hispanohablantes* level A
41–70	Is able to read and write, but with some difficulty	stays in assigned level	*Cuaderno para hispanohablantes* level B
71–90	Reads and writes Spanish; may make grammatical and other kinds of errors	stays in assigned level	*Cuaderno para hispanohablantes* level C
91–100	High level of mastery; able to handle a more advanced class	moves to next level or to a designated class for Heritage Learners	*Cuaderno para hispanohablantes* (next level)

Uniting Teaching, Learning, and Assessment: Tips for veteran and novice teachers

Assessment is a central component of the teaching-learning process. Assessment helps teachers, students, parents, and administrators measure the progress that is being made toward reaching course objectives and instructional goals. Planning for assessment involves a consideration of national, state, and local guidelines, as well as parental expectations. With the *¡Avancemos!* Differentiated Assessment Program, the teacher has ready-made assessment instruments for students with varying backgrounds, interests, abilities, and learning styles. As part of their assessment plan, teachers must decide which mix of assessment instruments will best suit their students', school's, and district's needs. Teachers must also decide how to assign an appropriate "weight" to the various components of the student's grade.

There are several different ways to handle assessment. Here are some basic tips which can help both veteran and novice teachers design a balanced assessment plan for their classes.

Include Formative and Summative Assessments

Include both formative and summative assessments as components of the student's grade. Formative assessments are the stepping stones that help students build their skills, while summative assessments provide a summation of what has been learned to that point.

In *¡Avancemos!*, the formative assessment is built right into the student text. The *Para y piensa* self-checks are a convenient tool that can be assigned by you, the teacher, or used independently by students. You can assign the corresponding Reteaching and Practice Copymaster as support, or send students to Classzone.com to download the appropriate copymaster.

Quizzes, another common type of formative assessment, can provide helpful feedback to both teacher and students. Giving quizzes cooperatively in pairs or small groups can be particularly effective and fun. The *¡Avancemos!* vocabulary and grammar quizzes lower students' anxiety level, help students think critically about word meaning and linguistic structures, and increase retention of the material. (Also, the teacher has fewer papers to grade!)

Both lesson and unit tests provide teachers with summative assessment tools. Teachers can use the Midterm and Final Exams as culmination tests.

Include Traditional and Alternative Assessments

Provide opportunities for different types of students to excel in their areas of strength by including both traditional assessments (pencil and paper) and alternative assessments such as portfolios, journals, video/class presentations, visual/audio projects, and interviews.

¡Avancemos! provides built-in support in this area. The *Para y piensa* self-checks give students what they need to assess their own understanding every step of the way. The Reteaching and Practice Copymasters tie directly to each self-check, so that students who are struggling have a resource to help them understand and work more on the content that is giving them trouble.

The testing program includes contextualized quizzes and tests designed to assess both discrete and global skills in listening, speaking, reading, writing, and culture at both the lesson and unit level, as well as midyear and final exams. The easy-to-use Test Generator CD-ROM and additional Multiple Choice Test Questions make customizing assessment convenient. Rubrics for grading projects, writing assignments, and oral activities are provided at point-of-use in the pupil and teacher's edition. As always, the classroom teacher may expand and adapt these rubrics for individual needs.

View Assessment as a Process

Remember that assessment is an ongoing process, and that *you*, the classroom teacher, are in charge. Use the *Para y piensa* self-checks to continually monitor the progress that your students are making, and don't be afraid to make adjustments to your assessment plans, as needed, to enhance the teaching-learning process. For example, assessing the progress of native speakers of Spanish in your classes may begin with the Back-to-School Diagnostic tests and continue with the special Heritage Learners Diagnostic test. Once you have established a level of performance for students, assessment may expand to include special research projects, reports, and presentations.

Develop a Sense of Community

Finally, look for ways to make assessment more enjoyable for both you and your students. If you are using the *¡Avancemos!* Vocabulary or Grammar Quizzes, you may find that they can provide a non-threatening culminating activity that synthesizes material for students at the end of the class period. As the sense of collaborative learning is reinforced, the classroom can truly become a community of learners. Develop projects that allow students to collaborate and extend the sense of community within the classroom. When assigning grades for these projects, reward students for creativity and effort, as well as for linguistic accuracy.

Assessing a second language involves the careful balance between formative and summative instruments, between traditional and alternative formats, and the appropriate assessment of all skills. The *¡Avancemos!* Assessment Program provides a wide range of differentiated support materials to allow teachers to choose the most effective tools to manage class time efficiently to reach their course objectives and instructional goals. Designing a balanced assessment plan helps to create a program that *encourages* students to build the skills they need to communicate and interact in the community of Spanish speakers.

Examen Lección preliminar

> **¡AVANZA!** **Goal:** Demonstrate that you have successfully learned to:
>
> • greet people and say goodbye
> • introduce yourself and others
> • ask and say how to spell names
> • say where you are from
> • exchange phone numbers
> • say what day of the week it is
> • describe the weather
> • respond to classroom instructions

Escuchar

Test CD 1 Tracks 1, 2

A. Listen as some students from the kindergarten class spell their names. Write out the names as you hear them spelled. (5 points)

1. Se escribe ____ ____ ____ ____ ____

2. Se escribe ____ ____ ____ ____ ____ ____

3. Se escribe ____ ____ ____ ____ ____ ____ ____

4. Se escribe ____ ____ ____ ____ ____

5. Se escribe ____ ____ ____ ____ ____ ____

B. Listen to the messages on your answering machine and write the phone number of each person who called. Write all numbers in numeral form. (5 points)

1. Alejandra: ____ ____ ____ ____ ____ ____ ____

2. Señora Vargas: ____ ____ ____ ____ ____ ____ ____

3. Nicolás: ____ ____ ____ ____ ____ ____ ____

4. Señor López: ____ ____ ____ ____ ____ ____ ____

5. Diana: ____ ____ ____ ____ ____ ____ ____

Vocabulario y gramática

C. Write a sentence for each picture saying where the student is from. (10 points)

 **1.**

 **2.**

 **3.**

 **4.**

 **5.**

D. It is the first day of school and new students are introducing themselves. Write how they would say the following in Spanish. (7 points)

1. Hi! My name is Ana.

2. Nice to meet you, Ana.

3. Where are you from?

4. I am from Chicago.

5. Where is Mrs. Sánchez from?

6. She is from Miami.

7. See you later, Ana.

E. Choose the correct answer for each of the following questions. (10 points)

1. How do you say the Spanish letter X?
   a. [i griega]   **b.** [doble ve]   **c.** [equis]   **d.** [ve chica]

2. How do you say the Spanish letter W?
   a. [i griega]   **b.** [doble ve]   **c.** [equis]   **d.** [ve chica]

3. How do you say the Spanish letter Q?
   a. [equis]   **b.** [cu]   **c.** [ce]   **d.** [ge]

4. When pronouncing the Spanish alphabet, what is pronounced after [ere]?
   a. [cu]   **b.** [erre]   **c.** [pe]   **d.** [ele]

5. At the school's Spanish Spelling Bee you hear the Spanish word
   [ge, a, te, o]. The word that you just heard is:
   a. pato   **b.** jato   **c.** gato   **d.** jabón

F. Describe the weather in each picture. (8 points)

1.

3.

2.

4.

G. Your friend needs your help with Spanish greetings. Write appropriate expressions for each situation. (10 points)

1. Say "good morning" to your teacher, Mr. López.

2. Say "good afternoon" to the school principal, Mrs. Vega.

3. Tell your friend that you will see him tomorrow.

4. Tell your brother that you will see him later.

5. Say goodnight to your friend's grandmother.

H. Write what your Spanish teacher wants you to do when he or she says the following things. (5 points)

1. Siéntense.

2. Saquen una hoja de papel.

3. Abran los libros.

4. Levanten la mano.

5. Repitan, por favor.

Leer

Thanks to the Internet, Mrs. Castellanos' class is able to practice personal introductions in Spanish with the students from another city. Read the conversation between Gabriel and Cristina and then complete activities I and J.

Gabriel: Buenos días. Me llamo Gabriel Otero.

Cristina: Perdón. ¿Gabriel...?

Gabriel: O-te-e-ere-o. Mucho gusto.

Cristina: ¿De dónde eres, Gabriel?

Gabriel: Soy de Miami. Y tú, ¿cómo te llamas?

Cristina: Yo me llamo Cristina Robles. Ere-o-be-ele-e-ese. Soy de Nueva York. Encantada.

Gabriel: ¿Cómo estás, Cristina?

Cristina: Bien, gracias.

Gabriel: ¿Qué tiempo hace en Nueva York?

Cristina: Hoy es jueves y hace frío. Llueve, pero no nieva.

Gabriel: ¿Y tu maestra de español?

Cristina: Se llama la señora Castellanos. Es de Chicago.

I. Read the following statements, and then circle C for **cierto** (true) or F for **falso** (false) on your answer sheet. (4 points)

1. Gabriel es de Chicago.

2. Cristina es de Nueva York.

3. Llueve en Nueva York.

4. Hace calor en Nueva York.

J. Answer the questions about Gabriel and Cristina's conversation. (6 points)

1. ¿Qué día es?

2. ¿Cómo se llama la maestra?

3. ¿De dónde es la maestra?

Nombre _____ Clase _____ Fecha _____

Hablar

K. Introduce yourself to your teacher. Include the following information:

- an appropriate greeting and good bye
- your name
- where you are from
- what the weather is like in your city or town
- your phone number (15 points)

PRELIMINARY LESSON
Test

Escribir

L. You have volunteered to mentor a new student in your school. Write a short note to the student.

Make sure to:

- include an appropriate greeting
- introduce yourself
- tell where you are from
- give your phone number
- ask several questions (15 points)

¡AVANZA!   _____ pts. of 100   Nota _____

¡Éxito! You have successfully accomplished all your goals for this lesson.

Review: Before moving to the next lesson, use your textbook to review:

- ❏ greeting people and saying goodbye pp. 2–3
- ❏ introducing yourself and others pp. 6–7
- ❏ asking and saying how to spell names p. 10
- ❏ saying where you are from pp. 12–13
- ❏ exchanging phone numbers p. 16
- ❏ saying what day of the week it is p. 18
- ❏ describing the weather p. 20
- ❏ responding to classroom instructions pp. 22–23

Nombre _____ Clase _____ Fecha _____

Escuchar

A.

1. _____

2. _____

3. _____

4. _____

5. _____

> **You can:**
> ❑ ask and say how to spell names
> ____ pts. of 5

B.

1. _____

2. _____

3. _____

4. _____

5. _____

> **You can:**
> ❑ exchange phone numbers
> ____ pts. of 5

Vocabulario y gramática

C.

1. _____
   _____

2. _____
   _____

3. _____
   _____

4. _____
   _____

5. _____
   _____

> **You can:**
> ❑ say where you are from
> ____ pts. of 10

D.

1. _____
2. _____
3. _____
4. _____
5. _____
6. _____
7. _____

You can:
- ❑ introduce yourself and others
- ❑ say where you are from

____ pts. of 7

E.

1.   a   b   c   d   4.   a   b   c   d

2.   a   b   c   d   5.   a   b   c   d

3.   a   b   c   d

You can:
- ❑ pronounce the letters of the Spanish alphabet

____ pts. of 10

F.

1. _____
   _____
2. _____
   _____
3. _____
   _____
4. _____
   _____

You can:
- ❑ describe the weather

____ pts. of 8

G.

1. _____
2. _____
3. _____
4. _____
5. _____

You can:
- ❑ greet people and say goodbye

____ pts. of 10

H.

1. _____

2. _____

3. _____

4. _____

5. _____

You can:
- ❏ respond to classroom instructions

____ pts. of 5

You can:
- ❏ say where you are from
- ❏ describe the weather

____ pts. of 4

Leer

I.

1. C   F   3. C   F

2. C   F   4. C   F

J.

1. _____
   _____

2. _____
   _____

3. _____
   _____

You can:
- ❏ say where you are from
- ❏ introduce yourself and others
- ❏ say what day of the week it is

____ pts. of 6

Hablar

K.

You can:
- ❏ greet people and say goodbye
- ❏ introduce yourself and others
- ❏ say where you are from
- ❏ exchange phone numbers
- ❏ describe the weather   ____ pts. of 15

Speaking Criteria	5 Points	3 Points	1 Point
Content	You include a lot of information about yourself.	You include some information about yourself.	You include very little information about yourself.
Communication	All the information can be understood.	Most of the information can be understood.	Most of the information is difficult to understand.
Accuracy	You have few mistakes in grammar and vocabulary.	You have some mistakes in grammar and vocabulary.	You have many mistakes in grammar and vocabulary.

Escribir

L.

_____

_____

_____

_____

_____

_____

_____

_____

_____

_____

_____

_____

_____

_____

_____

_____

You can:

❑ greet people and say goodbye

❑ introduce yourself and others

❑ say where you are from

❑ exchange phone numbers

____ pts. of 15

Writing Criteria	5 Points	3 Points	1 Point
Content	Your note includes all of the required information about yourself. You ask several logical questions.	Your note includes most of the required information about yourself. Most of your questions are logical.	Your note does not include the required information. You do not ask logical questions.
Communication	All the information in your sentences is organized and easy to follow.	Most of the information is organized and easy to follow.	Most of the information in your sentences is disorganized and hard to follow.
Accuracy	Your note has few mistakes in grammar and vocabulary.	Your note has some mistakes in grammar and vocabulary.	Your note has many mistakes in grammar and vocabulary.

Examen Lección 1

> **¡AVANZA!** **Goal:** Demonstrate that you have successfully learned to:
>
> - talk about activities
> - say what you like and don't like to do
> - use subject pronouns and **ser**
> - use **de** to say where you are from
> - use **gustar** with an infinitive

Escuchar

Test CD 1 Tracks 3, 4

A. Marta and Julio are talking about what they like to do when they are not in school. Listen to their conversation and write the correct word(s) that complete each sentence on your answer sheet. (5 points)

1. A Marta le gusta hablar _____.

2. A Marta también le gusta _____.

3. A Julio no le gusta _____.

4. A Julio le gusta _____.

5. A Julio y a Marta les gusta comer _____.

B. Juan is introducing himself to a group of people. Write the correct word(s) to complete each sentence. (5 points)

1. Después de las clases, a Juan le gusta leer _____.

2. A Juan también le gusta _____.

3. A Juan no le gusta _____.

4. Los sábados, a Juan le gusta _____.

5. A Juan le gusta beber _____.

Vocabulario y gramática

C. Pablo and Carmen are talking about their favorite activities. Complete their conversation with the correct words. (9 points)

Pablo: Carmen, ¿te gusta practicar **1.** _____ después de las classes?

Carmen: Sí, me gusta correr. ¿Y a **2.** _____, qué te gusta **3.** _____?

Pablo: A **4.** _____ me gusta montar en bicicleta, **5.** _____ me gusta más andar en **6.** _____. **7.** _____ me gusta jugar al fútbol.

Carmen: ¿Te gusta **8.** _____ un DVD los sábados?

Pablo: No, me gusta más escribir **9.** _____ electrónicos.

D. Look at the following pictures. Write what each person likes to do. (10 points)

TERESA

1.

VERÓNICA

2.

PABLO

3.

MIGUEL

4.

Srta. RODRÍGUEZ

5.

E. Many of your friends and teachers are from different places. Tell where these people are from. (6 points)

1. yo / Miami

2. usted / Ecuador

3. los estudiantes / Argentina

4. nosotras / Honduras

5. tú / Panamá

6. Ana / Bolivia

F. Write what these people like and don't like to do. (5 points)

1. a Julio / dibujar después de las clases (sí)

2. a usted / correr antes de las clases (no)

3. a ti / mirar la televisión los domingos (sí)

4. a Corina y a Luis / hablar por teléfono (sí)

5. a nosotros / trabajar los sábados (no)

G. Answer the following questions about yourself and your friends and the activities that you like to do. Use complete sentences. (10 points)

1. ¿De dónde eres tú?

2. ¿Qué te gusta hacer con los amigos después de las clases?

3. ¿Qué te gusta hacer los sábados y los domingos?

4. ¿Qué actividad no te gusta hacer?

5. ¿Qué te gusta comer y beber?

Leer

Read what María likes and doesn't like to do during the weekend. Then complete activities H and I.

¡Hola! Me llamo María y soy de Miami. Los sábados me gusta pasar un rato con los amigos. Nos gusta practicar deportes, montar en bicicleta, escuchar música y andar en patineta. No me gusta hacer la tarea los sábados. Me gusta hacer la tarea los domingos. También me gusta descansar y escribir correos electrónicos. A mi mamá le gusta preparar la comida. A ella le gusta hacer pizza. A mí me gusta comer la pizza con papas fritas. ¡Y el helado! También me gusta beber jugo.

H. Complete the following statements with the information from the paragraph. (6 points)

1. María es de _____.

2. Los sábados, a María le gusta _____.

3. Los sábados, a María no le gusta _____.

4. Los domingos, a ella le gusta _____.

5. A mamá le gusta preparar _____.

6. A María le gusta beber _____.

I. Answer the following questions about María in complete sentences. (4 points)

1. ¿Qué actividades les gusta hacer a María y a sus amigos?

2. ¿Qué le gusta comer a María después de la comida?

Cultura

J. Answer the following questions about Latino culture in the United States. (10 points)

1. What do people celebrate during Hispanic Heritage Month?

2. What street in Miami is known for its Cuban restaurants, cafés, and shops?

3. What does **Fiesta San Antonio** celebrate?

4. What are **Los Premios Juventud**? Where does it take place?

5. Who is Xavier Cortada? What does his work represent?

Hablar

K. Look at the following pictures. Tell what the people like to do in each situation. Then tell whether you like to do that activity. Add details to your description. (15 points)

1. Antes de las clases

2. Después de las clases

3. Después de la comida

4. En la escuela:

5. Los sábados:

Escribir

L. Write a letter to a penpal in El Paso. Talk about yourself and describe what things you like to do and when you like to do them. Also talk about the activities you like to do with your friends. Be sure to mention things you don't like to do. Ask your friend what he or she likes to do. Don't forget to introduce yourself and tell where you are from. (15 points)

¡AVANZA!   _____ pts. of 100   Nota _____

¡Éxito! You have successfully accomplished all your goals for this lesson.

Review: Before moving to the next lesson, use your textbook to review:

- ❏ talking about activities **Level 1** pp. 32–33, **Level 1a** pp. 32–34
- ❏ saying what you like and don't like to do **Level 1** pp. 32–33, **Level 1a** pp. 32–34
- ❏ using subject pronouns and **ser Level 1** p. 37, **Level 1a** p. 38
- ❏ using **de** to tell where you are from **Level 1** p. 38, **Level 1a** p. 39
- ❏ using **gustar** with an infinitive **Level 1** p. 42, **Level 1a** p. 44

Escuchar

A.

1. _____

2. _____

3. _____

4. _____

5. _____

You can:

❏ talk about activities

_____ pts. of 5

B.

1. _____

2. _____

3. _____

4. _____

5. _____

You can:

❏ talk about activities

_____ pts. of 5

Vocabulario y gramática

C.

1. _____

2. _____

3. _____

4. _____

5. _____

6. _____

7. _____

8. _____

9. _____

You can:

❏ talk about activities

_____ pts. of 9

D.

1. _____

   _____

2. _____

   _____

3. _____

   _____

4. _____

   _____

5. _____

   _____

You can:
- ❑ talk about activities
- ❑ use **gustar** with an infinitive

____ pts. of 10

E.

1. _____

2. _____

3. _____

4. _____

5. _____

6. _____

You can:
- ❑ use subject pronouns and **ser**
- ❑ use **de** to describe where you are from

____ pts. of 6

F.

1. _____

   _____

2. _____

   _____

3. _____

   _____

4. _____

   _____

5. _____

   _____

You can:
- ❑ use **gustar** with an infinitive

____ pts. of 5

G.

1. _____

_____

2. _____

_____

3. _____

_____

4. _____

_____

5. _____

_____

You can:

❑ talk about activities

❑ tell what you like and don't like to do

❑ use **gustar** with an infinitive

____ pts. of 10

Leer

H.

1. _____

2. _____

3. _____

4. _____

5. _____

6. _____

You can:

❑ talk about activities

____ pts. of 6

I.

1. _____

_____

2. _____

_____

You can:

❑ talk about activities

❑ use **gustar** with an infinitive

____ pts. of 4

Cultura

J.

1. _____

   _____

2. _____

   _____

3. _____

   _____

4. _____

   _____

5. _____

   _____

> **You can:**
> ❏ make a cultural
>   connection with
>   Hispanics in the
>   United States
>
> ____ pts. of 10

Hablar

K.

> **You can:**
> ❏ talk about activities
> ❏ tell what you like and don't like to do
> ❏ use **gustar** with an infinitive   ____ pts. of 15

Speaking Criteria	5 Points	3 Points	1 Point
Content	Your descriptions are logical and you use appropriate vocabulary.	Some of your descriptions are logical and you demonstrate sufficient use of appropriate vocabulary.	You provide few logical descriptions and you demonstrate insufficient use of appropriate vocabulary.
Communication	All the information in your descriptions can be understood.	Most of the information in your descriptions can be understood.	Most of the information in your descriptions is difficult to understand.
Accuracy	You make few mistakes in grammar and vocabulary.	You make some mistakes in grammar and vocabulary.	You make many mistakes in grammar and vocabulary.

Escribir

L.

_____

_____

_____

_____

_____

_____

_____

_____

_____

_____

_____

_____

_____

_____

_____

_____

_____

_____

You can:

❏ talk about activities

❏ tell what you like and don't like to do

❏ use **gustar** with an infinitive

❏ use subject pronouns and **ser**

❏ use **de** to describe where you are from

____ pts. of 15

Writing Criteria	5 Points	3 Points	1 Point
Content	You provide many examples of what you like and don't like to do.	You provide some examples of what you like and don't like to do.	You provide few examples of what you like and don't like to do.
Communication	All the information in your letter is organized and easy to follow.	Most of the information is organized and easy to follow.	Most of the information in your letter is disorganized and hard to follow.
Accuracy	You make few mistakes in grammar and vocabulary.	You make some mistakes in grammar and vocabulary.	You make many mistakes in grammar and vocabulary.

Examen Lección 2

> **¡AVANZA!** **Goal:** Demonstrate that you have successfully learned to:
>
> - describe yourself and others
> - identify people and things
> - use **ser** to describe what someone is like
> - use definite and indefinite articles
> - use noun-adjective agreement

Escuchar

Test CD 1 Tracks 5, 6

A. Listen to what Mrs. Estrella has to say about her daughters. Decide if each statement is **cierto** or **falso** and circle the corresponding letter on your answer sheet. Rewrite those statements that are not true. (5 points)

1. Ana y Berta son jóvenes.

2. Ana no es muy estudiosa.

3. Ana tiene pelo rubio y es alta.

4. Berta tiene pelo castaño.

5. Berta es artística.

B. Pablo is speaking to his penpal on the phone. Listen as he describes himself. Answer the following questions in complete sentences. (5 points)

1. ¿A Pablo le gusta practicar deportes?

2. ¿Le gusta estudiar?

3. ¿Es serio?

4. ¿Le gusta dibujar?

5. ¿Es pelirrojo?

Vocabulario y gramática

C. Each illustration shows two people who are very different. Write two sentences for each picture. Use the adjectives with opposite meanings in your two sentences. (10 points)

1.   **Carlos Antonio**

4.   **Teresa**   **Sara**

2.   **Juana**   **Gloria**

5.   **Luis**   **Guillermo**

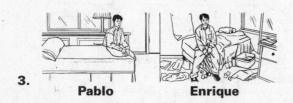

3.   **Pablo**   **Enrique**

D. The following students are talking about their classmates and teachers at school. Complete the dialogues using definite and indefinite articles. (5 points)

A: —¿Quién es **1.** _____ chico alto?

B: —Es Andrés. ¿Es **2.** _____ estudiante muy inteligente, no?

A: —Sí, es **3.** _____ chico muy trabajador.

B: —¿Quién es **4.** _____ mujer pelirroja?

A: —Es la señora Flores. Es **5.** _____ buena maestra.

E. The following comments describe people you know. However you know more than one person with these characteristics. Rewrite the following sentences in the plural form. (5 points)

1. El amigo es simpático.

2. La chica es perlirroja.

3. El maestro es inteligente.

4. La mujer es vieja.

5. El chico es atlético.

F. Describe the following people by writing sentences using the correct form of the verb **ser** and the adjective. (12 points)

1. el hombre/ser/muy/trabajador(a)

2. las estudiantes/ser/organizado(a)

3. la mujer/ser/joven

4. el maestro/ser/artístico(a)

5. los chicos/ser/cómico(a)

6. los amigos/perezoso(a)

G. Write two sentences: one describing the following people, and another one, telling what they like to do. Use the clues in parentheses. (8 points)

1. María: (trabajador)

2. Pablo: (atlético)

3. la señora Velázquez: (artístico)

4. todos los estudiantes: (estudioso)

Nombre _____ Clase _____ Fecha _____

Leer

Read Francisco's journal entry about his first day in his new school. Then complete activities H and I.

Me gusta mucho ir a la escuela. Los estudiantes son simpáticos y muy inteligentes. Los chicos son estudiosos. A ellos les gusta leer muchos libros. También son artísticos y atléticos. Después de las clases, les gusta practicar deportes y dibujar. La maestra es la señora Flores. Ella es joven, cómica y muy organizada. Tiene pelo castaño y es muy alta. A ella le gusta mucho ser maestra.

H. Read the following statements, and then circle C for **cierto** (true) or F for **falso** (false) in your answer sheet. Correct the false statements. (5 points)

1. A los chicos en la escuela no les gusta estudiar.

2. Los estudiantes son inteligentes y artísticos.

3. Antes de las clases les gusta practicar deportes.

4. La señora Flores es vieja.

5. La señora Flores tiene pelo castaño.

I. Answer these questions about Francisco's journal entry. Write complete sentences in your answers and add as many details as possible. (5 points)

1. ¿A Francisco le gusta ir a la escuela?

2. ¿Cómo son los estudiantes?

3. ¿Es la maestra la Sra. Flores?

4. ¿Cómo es la maestra?

5. ¿Qué le gusta hacer a la maestra?

Cultura

J. Test your knowledge of Hispanic culture. Circle the letter of the answer that best completes the following information. (4 points)

1. Carmen Lomas Garza's work is inspired by _____.
   a. food
   b. her heritage
   c. good luck
   d. decoration

2. **Cascarones** are filled with _____.
   a. water
   b. candy
   c. toys
   d. confetti

3. In San Antonio, you can visit _____.
   a. El Álamo
   b. La Calle Ocho
   c. Pequeña Habana
   d. Freedom Tower

4. **Cascarones** are a common sight during _____.
   a. Los Premios Juventud
   b. the school year
   c. Fiesta San Antonio
   d. El Álamo

K. Answer the following questions about Hispanic culture. (6 points)

1. Explain the origin of the term Tex-Mex.

2. Give three examples of typical Tex-Mex dishes.

3. What are some common ingredients in Tex-Mex dishes?

Hablar

L. Look at the following pictures of five different people. Describe each picture, doing the following:

- identify the person as a boy, girl, man or woman
- describe their physical appearance
- describe their personality based on what they are doing in the pictures (15 points)

a.

d.

b.

e.

c.

Escribir

M. Write an entry in your personal diary. Here are some ideas about what to write:

- Write about yourself. What qualities do you possess?
- Write about your teacher's personality.
- Write about your best friend.

Make sure that you include the following information:

- the name of the person you are describing
- what the person does
- a description of his or her physical appearance
- a description of his or her personality (15 points)

¡AVANZA! _____ pts. of 100   Nota _____

¡Éxito! You have successfully accomplished all your goals for this lesson.

Review: Before moving to the next lesson, use your textbook to review:

- ❏ describing yourself and others **Level 1** pp. 56–57, **Level 1a** pp. 60–62
- ❏ identifying people and things **Level 1** p. 61, **Level 1a** p. 66
- ❏ using **ser** to describe what someone is like **Level 1** p. 58, **Level 1a** p. 63
- ❏ using definite and indefinite articles **Level 1** p. 61, **Level 1a** p. 66
- ❏ using noun-adjective agreement **Level 1** p. 66, **Level 1a** p. 72

Nombre _____ Clase _____ Fecha _____

Escuchar

A.

1. C   F_____

2. C   F_____

3. C   F_____

4. C   F_____

5. C   F_____

You can:
- ❑ describe yourself and others
- ____ pts. of 5

B.

1. _____

2. _____

3. _____

4. _____

5. _____

You can:
- ❑ describe yourself and others
- ____ pts. of 5

Vocabulario y gramática

C.

1. _____
_____

2. _____
_____

3. _____
_____

4. _____
_____

5. _____
_____

You can:
- ❑ describe yourself and others
- ____ pts. of 10

D.

1. _____

2. _____

3. _____

4. _____

5. _____

You can:
- ❏ use definite and indefinite articles
- ❏ identify people and things

____ pts. of 5

E.

1. _____

_____

2. _____

_____

3. _____

_____

4. _____

_____

5. _____

_____

You can:
- ❏ use noun-adjective agreement

____ pts. of 5

F.

1. _____

_____

2. _____

_____

3. _____

_____

4. _____

_____

5. _____

_____

6. _____

_____

You can:
- ❏ use **ser** to describe what someone is like
- ❏ use noun-adjective agreement

____ pts. of 12

¡Avancemos! **Level 1**
Pre-AP Assessment

G.

1. _____
   _____

2. _____
   _____

3. _____
   _____

4. _____
   _____

You can:

❑ use **ser** to describe what someone is like

❑ use noun-adjective agreement

____ pts. of 8

Leer

H.

1. C F _____
2. C F _____
3. C F _____
4. C F _____
5. C F _____

You can:

❑ describe yourself and others

____ pts. of 5

I.

1. _____
   _____

2. _____
   _____

3. _____
   _____

4. _____
   _____

5. _____
   _____

You can:

❑ describe yourself and others

____ pts. of 5

Cultura

J.

1. a   b   c   d

2. a   b   c   d

3. a   b   c   d

4. a   b   c   d

> **You can:**
> ❏ make a cultural
>   connection
>
> ____ pts. of 4

K.

1. _____

   _____

2. _____

   _____

3. _____

   _____

> **You can:**
> ❏ make a cultural
>   connection
>
> ____ pts. of 6

Hablar

L.

> **You can:**
> ❏ identify people and things
> ❏ use **ser** to describe what someone is like   ____ pts. of 15

Speaking Criteria	5 Points	3 Points	1 Point
Content	You identify each person and describe his physical appearance and personality. You include many descriptive adjectives.	For most of the pictures, you identify the person and describe his physical appearance and personality.	You miss important information. You do not identify or describe several of the people.
Communication	The teacher understands all of your information.	The teacher understands most of your information.	The teacher has difficulty understanding your information.
Accuracy	Your descriptions have few mistakes in grammar and vocabulary.	Your descriptions have some mistakes in grammar and vocabulary.	Your descriptions have many mistakes in grammar and vocabulary.

Nombre _____ Clase _____ Fecha _____

Escribir

M.

_____

_____

_____

_____

_____

_____

_____

_____

_____

_____

_____

_____

_____

_____

_____

_____

_____

_____

_____

_____

You can:
❑ describe yourself and others
____ pts. of 15

Writing Criteria	5 Points	3 Points	1 Point
Content	You use many different adjectives to describe your friends' physical appearance and personality.	You use some adjectives to describe your friends' physical appearance and personality.	You use very few adjectives to describe your friends' physical appearance and personality.
Communication	Your information is clear and organized. The reader can easily understand your message.	Most of the information is organized and easy to follow. The reader understands most of your message.	Most of the information is disorganized and hard to follow. The reader can not understand your message.
Accuracy	You use grammar, vocabulary, spelling, and punctuation correctly.	Your work has several errors in vocabulary, spelling, grammar and punctuation.	Your work has many errors in vocabulary, spelling, grammar and punctuation.

Examen Unidad 1

¡AVANZA! **Goal:** Demonstrate that you have successfully learned to:

- talk about activities
- tell where you are from
- say what you like and don't like to do
- use subject pronouns and **ser**
- use **de** to tell where you are from
- use **gustar** with an infinitive
- describe yourself and others
- identify people and things
- use **ser** to describe what someone is like
- use definite and indefinite articles
- use noun-adjective agreement

Escuchar

Test CD 1 Tracks 7, 8

A. Your friends are introducing themselves to students from a different school. You will hear five questions. Choose the most logical answer for each question. Circle the corresponding letter on your answer sheet. (5 points)

1. **a.** Soy de México.   **c.** Me llamo Luisa.

   b. Te llamas Luisa.   **d.** Soy estudiante.

2. **a.** Soy Pedro.   **c.** Soy cómico.

   b. Soy de México.   **d.** Eres alto.

3. **a.** Soy artística.   **c.** Soy de México.

   b. Soy Laura.   **d.** Me gusta practicar deportes.

4. **a.** No me gusta hablar por teléfono.   **c.** Te gusta practicar deportes.

   b. Me gusta practicar deportes.   **d.** Le gusta practicar deportes.

5. **a.** Me gusta comer la pizza.   **c.** No me gusta estudiar.

   b. Te gusta comer la pizza.   **d.** Te gusta estudiar.

B. Listen as two high school students talk about a new student named Antonio. Decide if each statement is **cierto** (true) or **falso** (false) and circle the corresponding letter on your answer sheet. Rewrite the false sentences to make them true. (5 points)

1. Antonio es de México.

2. Antonio es bajo.

3. Antonio tiene pelo rubio.

4. Antonio es simpático.

5. A Antonio le gusta practicar deportes.

Nombre ______________________ Clase __________ Fecha ____________

UNIT 1 Unit Test

Vocabulario y gramática

C. Write the adjective that is the opposite of the underlined one. (8 points)

1. Carla y yo no somos perezosas. Somos ____.
2. Elena no es grande. Es ____.
3. Ricardo no es trabajador. Es ____.
4. El chico no es malo. Es ____.
5. Ustedes no son jóvenes. Son ____.
6. Tú y yo no somos serios. Somos ____.
7. El Sr. Cuevas no es organizado. Es ____.
8. Yo no soy alta. Soy ____.

D. Read the following descriptions. According to the descriptions, write what do these people like or do not like to do. Use the verbs in the word bank. (5 points)

trabajar	aprender el español	descansar	jugar al fútbol	dibujar

1. Pedro es trabajador. No...
2. Ricardo y Elena son perezosos. No...
3. Yo soy estudiosa.
4. Tú eres atlético.
5. La maestra es muy artística.

E. You are finding out where your classmates are from. Write a sentence or question using the following information, using the present tense form of **ser**. (8 points)

1. ¿tú / México?
2. Roberto y Elena / Texas
3. nosotros / Miami
4. ella / no / Nueva York
5. tú y yo / la Florida
6. la maestra / Puerto Rico
7. mis amigos / Los Ángeles
8. yo / España

F. Tell what the following people like to do. Use a form of the verb **gustar**. (6 points)

1. a mí / jugar al fútbol

2. a Paco y Jorge / montar en bicicleta

3. a ti / comer

4. a Susana / estudiar

5. a mi amigo y a mí / mirar la televisión

6. a ustedes / preparar la comida

G. Rewrite each sentence by replacing the underlined subject with the new subject that is provided. (5 points)

1. <u>Daniel</u> es el chico guapo.   Daniela ____.

2. <u>Él</u> es el hombre viejo.   Ellos ____.

3. <u>Victoria</u> es una chica simpática.   Victoria y Claudia ____.

4. <u>La maestra</u> es organizada.   El maestro ____.

5. <u>Los chicos</u> son cómicos.   El chico ____.

H. Answer the following questions about yourself. Answer in complete sentences. (8 points)

1. ¿De dónde eres?

2. ¿Cómo eres?

3. ¿Qué te gusta hacer cuando llueve o hace frío?

4. ¿Qué no te gusta hacer?

Leer

The following students are running for office in your school club. Review their speeches and then answer activities J and K.

Hola, me llamo Ernesto. Soy de Texas. Soy muy estudioso y me gusta aprender el español. También me gusta escribir correos electrónicos y trabajar con los chicos y maestros de la clase.

Hola, soy Luis. Soy de California. Soy muy cómico y atlético. Me gusta practicar deportes después de las clases. También me gusta comer con amigos después de las clases. Me gusta mucho la pizza. Soy estudioso. Me gusta estudiar y hacer la tarea. ¿Y a ustedes?

Hola, me llamo Sara y soy de Nueva York. Soy muy artística. Me gusta tocar la guitarra y dibujar. Soy una buena estudiante. Soy trabajadora, organizada y seria. También soy atlética, pero no me gusta practicar deportes después de las clases. Me gusta más hacer la tarea.

I. The following statements describe one of the students running for office. Write the name of the student in the space provided on your answer sheet. (5 points)

1. Le gusta hacer la tarea. _____

2. Le gusta practicar deportes después de las clases. _____

3. Le gusta la pizza. _____

4. Le gusta dibujar. _____

5. Le gusta escribir correos electrónicos. _____

J. Read the following statements and decide if each statement is **cierto** (true) or **falso** (false). Circle the corresponding letter on your answer sheet. If the statement is false, you must correct it. (5 points)

1. Sara es muy perezosa.

2. Luis es estudioso.

3. A Sara le gusta comer con amigos después de las clases.

4. Ernesto es de Nueva York.

5. A Luis le gusta hacer la tarea.

Cultura

K. Fill in the blank with a word or expression that completes the following cultural information of this unit. (5 points)

1. **Chili con carne** and **fajitas** are examples of _____ dishes.

2. _____ tortillas are commonly used in traditional dishes from the interior of Mexico.

3. **Cascarones** are _____.

4. The name of the celebration that honors the heroes of the Alamo and the Battle of San Jacinto is _____.

5. The Freedom Tower in Miami houses _____.

L. Answer the following question about culture. Include one example from the lesson. (5 points)

1. How has the Cuban-American community shaped South Florida culture?

UNIT 1
Unit Test

Hablar

M. Describe three of your friends for your teacher. Include the following:

- Say their names and identify each person as a boy, a girl, a man, or a woman
- Tell three aspects of their physical appearance
- Give three personality traits
- Tell three activities that they like or don't like to do (15 points)

Escribir

N. Carlos will be a new student in your school. Your teacher has asked you to write a letter to him so that he will already know someone when he arrives. Write a short letter in Spanish in which you ask Carlos several questions about himself, and tell him about yourself. Make sure that you include the following:

- ask Carlos where he is from and tell him where you are from
- describe yourself and ask Carlos to describe himself
- ask him questions about activities that he likes and doesn't like
- tell Carlos about several activities that you like and don't like (15 points)

¡AVANZA! _____ pts. of 100   Nota _____

¡Éxito! You have successfully accomplished all your goals for this lesson.

Review: Before moving to the next lesson, use your textbook to review:

- ❏ talking about activities **Level 1** pp. 32–33, **Level 1a** pp. 32–34
- ❏ telling where you are from **Level 1** p. 38, **Level 1a** p. 39
- ❏ saying what you like and don't like to do **Level 1** pp. 32–33, **Level 1a** pp. 32–34
- ❏ using subject pronouns and **ser Level 1** p. 37, **Level 1a** p. 38
- ❏ using **de** to tell where you are from **Level 1** p. 38, **Level 1a** p. 39
- ❏ using **gustar** with an infinitive **Level 1** p. 42, **Level 1a** p. 44
- ❏ describing yourself and others **Level 1** pp. 56–57, **Level 1a** pp. 60–62
- ❏ identifying people and things **Level 1** p. 61, **Level 1a** p. 66
- ❏ using **ser** to describe what someone is like **Level 1** p. 58, **Level 1a** p. 63
- ❏ using definite and indefinite articles **Level 1** p. 61, **Level 1a** p. 66
- ❏ using noun-adjective agreement **Level 1** p. 66, **Level 1a** p. 72

Escuchar

A.

1. a   b   c   d
2. a   b   c   d
3. a   b   c   d
4. a   b   c   d
5. a   b   c   d

> **You can:**
> ❏ describe yourself and others
>
> ____ pts. of 5

B.

1. C   F

_____

2. C   F

_____

3. C   F

_____

4. C   F

_____

5. C   F

_____

> **You can:**
> ❏ describe yourself and others
>
> ____ pts. of 5

Vocabulario y gramática

C.

1. _____
2. _____
3. _____
4. _____
5. _____
6. _____
7. _____
8. _____

> **You can:**
> ❏ use noun-adjective agreement
> ❏ describe yourself and others
>
> ____ pts. of 8

D.

1. _____

2. _____

3. _____

4. _____

5. _____

> **You can:**
> ❏ use **gustar** with an infinitive
> ❏ talk about activities
> ____ pts. of 5

E.

1. _____
_____

2. _____
_____

3. _____
_____

4. _____
_____

5. _____
_____

6. _____
_____

7. _____
_____

8. _____
_____

> **You can:**
> ❏ use subject pronouns and **ser**
> ❏ use **de** to describe where you are from
> ____ pts. of 8

F.

1. _____

2. _____

3. _____

4. _____

5. _____

6. _____

> **You can:**
> ❏ say what you like and don't like to do
> ❏ talk about activities
> ❏ use **gustar** with an infinitive
> ____ pts. of 6

G.

1. _____

2. _____

3. _____

4. _____

5. _____

You can:

❏ describe yourself and others

❏ use **ser** to describe what someone is like

❏ use definite and indefinite articles

____ pts. of 5

H.

1. _____

2. _____

3. _____

4. _____

You can:

❏ describe yourself and others

❏ say what you like and don't like to do

❏ use subject pronouns and **ser**

❏ use **gustar** with an infinitive

____ pts. of 8

Leer

I.

1. _____

2. _____

3. _____

4. _____

5. _____

You can:

❏ describe yourself and others

____ pts. of 5

J.

1. C   F

_____

2. C   F

_____

3. C   F

_____

4. C   F

_____

5. C   F

You can:

❏ describe yourself and others

❏ say what they like and don't like to do

____ pts. of 5

Cultura

K.

1. _____
2. _____
3. _____
4. _____
5. _____

You can:
❑ make cultural connections with Latinos in the United States

____ pts. of 5

L.

1. _____
   _____
   _____
   _____
   _____
   _____
   _____

You can:
❑ make cultural connections with Latinos in the United States

____ pts. of 5

Hablar

M.

You can:
❑ describe yourself and others
❑ say what you like and don't like to do
❑ talk about activities   ____ pts. of 15

Speaking Criteria	5 Points	3 Points	1 Point
Content	You provide detailed information about three of your friends including many details about their physical appearance, personality, and likes and dislikes.	You provide some information about three of your friends, including some details about their physical appearance, personality, and likes and dislikes.	You provide very little information about three of your friends. You do describe their physical appearance, personality, or likes and dislikes.
Communication	All the information in your descriptions can be understood.	Most of the information in your descriptions can be understood.	Most of the information in your descriptions is difficult to understand.
Accuracy	Your speech has few mistakes in grammar and vocabulary.	Your speech has some mistakes in grammar and vocabulary.	Your speech has many mistakes in grammar and vocabulary.

Escribir

N.

_____

_____

_____

_____

_____

_____

_____

_____

_____

_____

_____

_____

_____

_____

_____

_____

_____

_____

You can:

❑ describe yourself and others

❑ tell where you are from

❑ say what you like and don't like to do

❑ talk about activities

____ pts. of 15

Writing Criteria	5 Points	3 Points	1 Point
Content	Your letter has many logical questions and answers.	Your letter has some logical questions and answers.	Your letter does not have logical questions and answers.
Communication	All the information in your sentences is organized and easy to follow.	Most of the information is organized and easy to follow.	Most of the information in your sentences is disorganized and hard to follow.
Accuracy	Your letter has few mistakes in grammar and vocabulary.	Your letter has some mistakes in grammar and vocabulary.	Your letter has many mistakes in grammar and vocabulary.

Examen Lección 1

> **¡AVANZA!** **Goal:** Demonstrate that you have successfully learned to:
>
> - talk about daily schedules
> - ask and tell time
> - say what you have and have to do
> - say what you do and how often you do things
> - use the verb **tener** and **tener que**
> - use expressions of frequency
> - use the present tense of **-ar** verbs

Escuchar

Test CD 1 Tracks 9, 10

A. According to your homeroom teacher, the following classes have different recommendations and expectations. Match the requirement to the corresponding class by writing the name of the class in the space provided. (4 points)

1. Tienen que tomar muchos apuntes. Es la clase de _____.

2. Tienen que llegar temprano. Es la clase de _____.

3. Tienen que usar una computadora. Es la clase de _____.

4. Tienen que estudiar mucho. Es la clase de _____.

B. Miguel just received his report card and is discussing his grades with his father. For each subject, write out in words the grade that Miguel receives. (5 points)

1. Las matemáticas

2. El español

3. La historia

4. El inglés

5. Las ciencias

Vocabulario y gramática

C. José is a good student. Read his description and complete the sentences with the correct vocabulary words. (5 points)

A mí me gusta sacar buenas **1.** _____ en la escuela. Siempre uso la **2.** _____

porque necesito escribir correos electrónicos y hacer la tarea. Me gusta tomar

3. _____ en la clase de ciencias. Nunca llego **4.** _____ a la escuela. Me gusta llegar

a las siete y media de la **5.** _____ antes de los maestros. Ellos llegan a las ocho

menos cuarto. Siempre paso un rato con los amigos después de las clases.

D. Identify Claudia's classes according to the times in the digital clocks. Write a complete sentence that includes the name of the class and at what time she has that class. Include the phrases **de la mañana** or **de la tarde.** (10 points)

1.

4.

2.

5.

3.

E. In complete sentences say when each person has a test by writing the correct form of the verb **tener**. (5 points)

1. Julia / el miércoles

2. nosotros / el lunes

3. los estudiantes / el viernes

4. tú / en la mañana

5. yo / en la tarde

F. Complete the following conversation between María and Roberto by writing the present form of the verb in parentheses. (10 points)

> **María:** ¿Tú siempre **1.** _____ (llegar) temprano a la clase de inglés?
>
> **Roberto:** No, de vez en cuando yo **2.** _____ (llegar) tarde pero yo
>
> **3.** _____ (estudiar) mucho y **4.** _____ (contestar) las preguntas.
>
> **María:** ¿Los estudiantes **5.** _____ (descansar) después de las
>
> clases?
>
> **Roberto:** No, nosotros **6.** _____ (trabajar) o **7.** _____ (practicar)
>
> deportes. ¿Y tú?
>
> **María:** ¡Es muy interesante! Después de las clases yo **8.** _____
>
> (escuchar) música porque mi amiga Claudia **9.** _____
>
> (tocar) la guitarra y yo siempre **10.** _____ (pasar) un rato
>
> con ella.

G. Form sentences with the corresponding expressions and activities to tell what you have to do. (10 points)

1. siempre / llegar temprano a clase

2. mucho / estudiar

3. de vez en cuando / usar la computadora

4. todos los días / contestar las preguntas

5. nunca / enseñar la clase

Leer

Carla likes her school very much and enjoys the classes she has there. Read Carla's description of her school and classes. Then complete activities H and I.

Me llamo Carla. Me gusta mucho estudiar y sacar buenas notas. Soy una buena estudiante. Siempre contesto todas las preguntas de la maestra. Tengo la clase de inglés todos los días a las nueve de la mañana. Siempre usamos la computadora. También, me gusta mucho dibujar en la clase de arte. Dibujamos todos los días. Tenemos que trabajar mucho en la escuela pero también hablamos con amigos y practicamos deportes.

H. Read the following statements about Carla's description and then circle C for **cierto** (true) or F for **falso** (false). Rewrite those statements that are false to make them true. (4 points)

1. Carla saca buenas notas en la escuela.

2. Nunca contesta las preguntas de la maestra.

3. De vez en cuando usan la computadora en la clase de inglés.

4. Nunca dibujan en la clase de arte.

I. Answer these questions about Carla's description of her school. (6 points)

1. ¿A qué hora es la clase de inglés?

2. ¿Qué usan los estudiantes en la clase de inglés?

3. También, ¿qué les gusta hacer a los estudiantes?

Cultura

J. You've learned many things about the culture of Mexico. Based on the cultural information in your textbook, circle C (**cierto**) or F (**falso**) for each statement. (4 points)

1. Chichén Itzá are the ruins of a Mayan city.

2. Some of the pyramids at Chichén Itzá were used for worship.

3. The Universidad Nacional Autónoma de México (UNAM) is one of the smallest public universities in Mexico.

4. In Mexico, students in most public schools do not wear uniforms.

K. Test your knowledge of Mexican culture. One of the alternatives does not correspond with the others. Find it and circle it in your answer sheet. (3 points)

1. **a.** tortillas
   b. tacos
   c. sándwiches cubanos
   d. enchiladas

2. **a.** **zócalo**
   b. Jardín Principal
   c. Chichén Itzá
   d. **plazas**

3. **a.** Chichén Itzá
   b. Kukulcán
   c. Chac-Mool
   d. UNAM

L. Answer the following questions about Mexican artist Diego Rivera. (4 points)

1. What type of artwork was Rivera commissioned to do?

2. What is the subject matter of **Alfabetización**?

Hablar

M. Think of all the different classes you have at school. Discuss each of the classes listed here with your teacher by answering the following questions. (15 points)

a.

d.

b.

e.

c.

1. How many students are in this class?

2. What time do you have this class?

3. What do you have to do in that class to get good grades?

Escribir

N. Write an article for your school's newspaper describing three classes that you like. Choose three classes that you would like to describe. Make sure that you include the following information:

- the name of each class
- the name of the teacher
- the time that each class begins
- the activities that you do in class (15 points)

¡AVANZA! _____ pts. of 100   Nota _____

¡Éxito! You have successfully accomplished all your goals for this lesson.

Review: Before moving to the next lesson, use your textbook to review:

❑ talking about daily schedules **Level 1** pp. 86–87, **Level 1a** pp. 94–96
❑ asking and telling time **Level 1** pp. 86, 90, **Level 1a** pp. 94–95, 99
❑ saying what you have and have to do **Level 1** p. 91, **Level 1a** p. 100
❑ saying what you do and how often you do things **Level 1** p. 93, 96, **Level 1a** p. 103, 106
❑ using the verb **tener** and **tener que** **Level 1** p. 91, **Level 1a** p. 100
❑ using expressions of frequency **Level 1** pp. 87, 93, **Level 1a** pp. 94, 103
❑ using the present tense of **-ar** verbs **Level 1** p. 96, **Level 1a** p. 106

Escuchar

A.

1. _____

2. _____

3. _____

4. _____

> **You can:**
> ❏ say what you have and have to do
> ❏ talk about daily schedules
>
> ____ pts. of 4

B.

1. _____

2. _____

3. _____

4. _____

5. _____

> **You can:**
> ❏ say what you have and have to do
>
> ____ pts. of 5

Vocabulario y gramática

C.

1. _____

2. _____

3. _____

4. _____

5. _____

> **You can:**
> ❏ talk about daily schedules
>
> ____ pts. of 5

D.

1. _____

_____

2. _____

_____

3. _____

_____

4. _____

_____

5. _____

_____

You can:
- ❑ ask and tell time
- ❑ talk about daily schedules

____ pts. of 10

E.

1. _____

_____

2. _____

_____

3. _____

_____

4. _____

_____

5. _____

_____

You can:
- ❑ say what you have and have to do

____ pts. of 5

F.

1. _____ 6. _____

2. _____ 7. _____

3. _____ 8. _____

4. _____ 9. _____

5. _____ 10. _____

You can:
- ❑ use present tense of **-ar** verbs

____ pts. of 10

G.

1. _____
   _____

2. _____
   _____

3. _____
   _____

4. _____
   _____

5. _____
   _____

You can:
❑ use expressions of frequency
❑ say what you have and have to do
____ pts. of 10

Leer

H.

1. C   F
   _____

2. C   F
   _____

3. C   F
   _____

4. C   F
   _____

You can:
❑ talk about daily schedules
❑ say what you have and have to do
____ pts. of 4

I.

1. _____
   _____

2. _____
   _____

3. _____
   _____

You can:
❑ talk about daily schedules
____ pts. of 6

Nombre _____ Clase _____ Fecha _____

Cultura

J.

1. C F   2. C F

3. C F   4. C F

K.

1. a b c d

2. a b c d

3. a b c d

L.

1. _____

_____

2. _____

_____

Hablar

M.

You can:
❏ talk about daily schedules
❏ say what you have and have to do
❏ say what you do and how often you do things   ____ pts. of 15

Speaking Criteria	5 Points	3 Points	1 Point
Content	You include extensive details about each class as well as your responsibilities in each.	You include some details about each class as well as your responsibilities in each.	You miss important information. You include very few details about each class and your responsibilities.
Communication	The teacher understands all of your information.	The teacher understands most of your information.	The teacher has difficulty understanding your information.
Accuracy	You make very few mistakes in grammar and vocabulary.	You make some mistakes in grammar and vocabulary.	You make many mistakes in grammar and vocabulary.

Nombre _____ Clase _____ Fecha _____

Escribir

N.

_____

_____

_____

_____

_____

_____

_____

_____

_____

_____

_____

_____

_____

_____

_____

_____

_____

_____

_____

You can:
❏ talk about daily schedules
❏ say what you have and have to do
____ pts. of 15

Writing Criteria	5 Points	3 Points	1 Point
Content	You describe each class in detail. You include information about your teacher, your schedule and your activities in your classes.	You include some details about each class. For most of the classes, you write about your teacher, your schedule and your activities in the class.	You use very few details about each class. You do not provide required information about your classes, teachers, schedule, and activities.
Communication	Your paragraph is clear and well-organized. Your writing is easy to understand.	Most of your paragraph is clear and organized. Most of your sentences are easy to understand.	Your paragraph lacks clarity and organization. Your ideas are hard to follow and understand.
Accuracy	You use grammar, vocabulary, spelling, and punctuation correctly.	Your work has several errors in vocabulary, spelling, grammar and punctuation.	Your work has many errors in vocabulary, spelling, grammar and punctuation.

Examen Lección 2

¡AVANZA! **Goal:** Demonstrate that you have successfully learned to:

- describe classes and classroom objects
- say where things are located
- say where you are going
- talk about how you feel
- use the verb **estar**
- use the conjugated verb before the subject to ask a question
- use the verb **ir**

Escuchar

Test CD 1 Tracks 11, 12

A. Juan has a conversation with his father about an upcoming test. Listen to their conversation and then organize the events according to which was mentioned first. Use the numbers from 1–5. (5 points)

1. _____ Juan va a la biblioteca.

2. _____ Juan tiene que practicar deportes.

3. _____ Juan no tiene la mochila.

4. _____ Juan está nervioso.

5. _____ Juan necesita una calculadora, un lápiz y los libros.

B. Gloria is talking to her friends between classes. Listen as she describes how several of her classmates are feeling today. Complete the following statements. (5 points)

1. Olivia está contenta porque…

2. Víctor está nervioso porque…

3. Rosa está cansada y…

4. Sara está tranquila porque…

5. Luis está triste porque…

Vocabulario y gramática

C. Ooops…both the history teacher and Claudia have dropped their bags and everything inside them is all over the floor. Tell what each dropped item is, using an indefinite article for each item. (6 points)

1.

2.

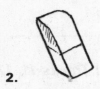

3.

4.

5.

6.

D. Your friend can't find her school supplies. Help her find them. Explain where the item shown in the picture is located. For each item, write a complete sentence using a location word. (8 points)

1.

2.

3.

4.

E. Write a complete sentence indicating how each person is feeling. (10 points)

1. tú/triste

2. las maestras/contento(a)

3. la chica/emocionado(a)

4. Juan y yo/cansado(a)

5. el estudiante/tranquilo(a)

F. Tell where your friends are going. Write sentences with the appropriate forms of **ir.** Add any words that you need. (6 points)

1. Julio / la escuela

2. yo / la biblioteca

3. los estudiantes / el gimnasio

4. mis amigos y yo / la cafetería

5. ustedes / la clase de historia

6. tú / la clase de música

G. Answer the following questions about the places you go at school. Use complete sentences. (10 points)

1. ¿A qué hora vas a la escuela?

2. ¿Dónde estás a la una de la tarde?

3. ¿Dónde hay muchos libros en la escuela?

4. ¿A qué hora vas a la cafetería en la escuela?

5. ¿Vas muchas veces a la oficina del director?

Leer

It's the beginning of the school year in Mexico. The principal at a school in Guadalajara writes a welcome letter to all parents and students. Read the letter and then complete activities H and I.

Señores y estudiantes:

Los estudiantes necesitan estar en clase a las siete de la mañana. También necesitan escuchar y tomar apuntes. Hay una biblioteca en la escuela con muchos libros y computadoras. Los estudiantes practican deportes en el gimnasio. Hay una cafetería también. Cuando están tristes, nerviosos o enojados, yo estoy siempre en la oficina del director. En la escuela tenemos que: ENSEÑAR, ESCUCHAR, ESTUDIAR.

El Director

H. Read the following statements, and then circle C for **cierto** (true) or F for **falso** (false). Rewrite those statements that are false to make them true. (4 points)

1. En la escuela no hay una cafetería.

2. Los estudiantes van a la biblioteca cuando están tristes.

3. Los estudiantes tienen que llegar a las siete y media de la mañana.

4. Los estudiantes tienen que escuchar y tomar apuntes.

I. Fill in the blanks with the most logical answer. (6 points)

1. Los estudiantes usan las computadoras en _____ .

2. Los estudiantes practican deportes en _____ .

3. Cuando están enojados, los estudiantes van a _____ .

Cultura

J. Circle the letter of the answer that best completes the following information about anthropology museums in Latin America. (4 points)

1. In Mexico City's National Museum of Anthropology there are exhibition areas such as _____.
   a. Guadalajara
   b. Sala Oaxaca and Sala Teotihuacán
   c. French exhibition
   d. Sala Inca

2. The artifacts in the museum come from _____.
   a. the Aztecs
   b. the Toltecs
   c. the Mayans
   d. many different indigenous cultures of Mexico

3. The **Piedra del Sol** is an Aztec _____.
   a. calendar
   b. house
   c. museum
   d. sun

4. The Andrés Barbero Museum of Ethnography is located in _____.
   a. Mexico
   b. California
   c. Paraguay
   d. Uruguay

K. Answer the following questions about the Mexican artist Frida Kahlo. (6 points)

1. What did Frida Kahlo paint in her work *Autorretrato con collar*?

2. What influenced her style of painting?

3. What type of clothing did she often wear?

Hablar

L. Look at the faces of the different people in these pictures. Describe the people in the pictures using complete sentences. Then, tell when you feel that way. (15 points)

a.

d.

b.

e.

c.

Copyright © by McDougal Littell, a division of Houghton Mifflin Company

Escribir

M. Write a paragraph asking your new friend from Mexico about his or her typical school day. Ask about the different places that your friend goes to during the school day and the activities that he or she does in each place. Tell your friend about your day. Make sure to:

- ask where your friend is at certain times of the day
- ask at what time he or she goes to different places at school
- ask what he or she does in these different locations
- write about the activities you do at school and where you do them (15 points)

¡AVANZA! _____ pts. of 100   Nota _____

¡Éxito! You have successfully accomplished all your goals for this lesson.

Review: Before moving to the next lesson, use your textbook to review:

❏ describing classes and classroom objects **Level 1** pp. 110–111, **Level 1a** pp. 122–124

❏ saying where things are located **Level 1** p. 115, **Level 1a** p. 128

❏ saying where you are going **Level 1** p. 120, **Level 1a** p. 134

❏ talking about how you feel **Level 1** pp. 111, 115, **Level 1a** pp. 124, 128

❏ using the verb **estar Level 1** p. 115, **Level 1a** p. 128

❏ using the conjugated verb before the subject to ask a question **Level 1** p. 117, **Level 1a** p. 130

❏ using the verb **ir Level 1** p. 120, **Level 1a** p. 134

Escuchar

A.

1. _____

2. _____

3. _____

4. _____

5. _____

> **You can:**
> ❏ describe classes and classroom objects
> _____ pts. of 5

B.

1. _____
   _____

2. _____
   _____

3. _____
   _____

4. _____
   _____

5. _____
   _____

> **You can:**
> ❏ talk about how you feel
> _____ pts. of 5

Vocabulario y gramática

C.

1. _____

2. _____

3. _____

4. _____

5. _____

6. _____

> **You can:**
> ❏ describe classes and classroom objects
> _____ pts. of 6

D.

1. _____

_____

2. _____

_____

3. _____

_____

4. _____

_____

> **You can:**
> ❏ say where things
>   are located
> ❏ use the verb **estar**
> ❏ describe classes and
>   classroom objects
>
> ____ pts. of 8

E.

1. _____

_____

2. _____

_____

3. _____

_____

4. _____

_____

5. _____

_____

> **You can:**
> ❏ use the verb **estar**
> ❏ talk about how
>   you feel
>
> ____ pts. of 10

F.

1. _____

2. _____

3. _____

4. _____

5. _____

6. _____

> **You can:**
> ❏ use the verb **ir**
>
> ____ pts. of 6

G.

1. _____

   _____

2. _____

   _____

3. _____

   _____

4. _____

   _____

5. _____

   _____

> **You can:**
> ❑ use the verb **ir**
> ❑ say where you are going
> ❑ describe classes and classroom objects
>
> ____ pts. of 10

Leer

H.

1. C   F

   _____

2. C   F

   _____

3. C   F

   _____

4. C   F

   _____

> **You can:**
> ❑ describe classes and classroom objects
>
> ____ pts. of 4

I.

1. _____

2. _____

3. _____

> **You can:**
> ❑ describe classes and classroom objects
>
> ____ pts. of 6

Cultura

J.

1. a   b   c   d

2. a   b   c   d

3. a   b   c   d

4. a   b   c   d

> **You can:**
> ❏ answer questions
>   about Mexican
>   culture
>
> ____ pts. of 4

K.

1. _____

   _____

2. _____

   _____

3. _____

   _____

> **You can:**
> ❏ answer questions
>   about Mexican
>   culture
>
> ____ pts. of 6

Hablar

L.

> **You can:**
> ❏ talk about how you feel
> ❏ use the verb **estar**
> ____ pts. of 15

Speaking Criteria	5 Points	3 Points	1 Point
Content	You include details about how each person is feeling. You use the correct adjective to describe each person.	You include some details about how each person is feeling. For most of the pictures you use the correct adjective to describe each person.	You include very few details about how each person is feeling. You do not say the correct adjective to describe each person.
Communication	The teacher understands all of your information.	The teacher understands most of your information.	The teacher has difficulty understanding your information.
Accuracy	You make very few mistakes in grammar and vocabulary.	You make some mistakes in grammar and vocabulary.	You make many mistakes in grammar and vocabulary.

Escribir

M.

_____

_____

_____

_____

_____

_____

_____

_____

_____

_____

_____

_____

_____

_____

_____

_____

_____

_____

You can:

❑ describe classes and classroom objects

❑ use the conjugated verb before the subject to ask a question

____ pts. of 15

Writing Criteria	5 Points	3 Points	1 Point
Content	You are able to ask about five locations in school. You include appropriate vocabulary to convey meaning.	You are able to ask about some places at school. You mostly use appropriate vocabulary to convey meaning.	You are not able to ask questions about places at school because you do not use appropriate vocabulary.
Communication	Your paragraph is clear and organized. Your writing is easy to understand.	Most of your paragraph is clear and organized. Most of your sentences are easy to understand.	Your paragraph lacks clarity and organization. Your ideas are hard to follow and understand.
Accuracy	You use grammar, vocabulary, spelling, and punctuation correctly.	Your work has several errors in vocabulary, spelling, grammar, and punctuation.	Your work has many errors in vocabulary, spelling, grammar, and punctuation.

Examen Unidad 2

> **¡AVANZA!** **Goal:** Demonstrate that you have successfully learned to:
>
> - talk about daily schedules
> - ask and tell time
> - say what you have and have to do
> - say what you do and how often you do things
> - use the verb **tener** and **tener que**
> - use expressions of frequency
> - use the present tense of **-ar** verbs
> - describe classes and classroom objects
> - say where things are located
> - say where you are going
> - talk about how you feel
> - use the verb **estar**
> - use the conjugated verb before the subject to ask a question
> - use the verb **ir**

Escuchar

Test CD 1 Tracks 13, 14

A. Listen as a student reporter from your school newspaper interviews a teacher. Listen to the interview and write **cierto** (true) or **falso** (false) for each one of the following statements. If the statement is **falso** (false) you must rewrite it correctly. (4 points)

1. El Sr. Rojas enseña las ciencias.

2. El Sr. Rojas tiene clases en la tarde. No tiene clases en la mañana.

3. La clase está cerca de la biblioteca.

4. Los estudiantes tienen que tomar apuntes para sacar una buena nota.

B. Tomorrow is the first day of final exams. Listen as the school principal gives an announcement regarding exams. Then complete the exam schedule in your answer sheet. (5 points)

EXAMEN:	DÍA:	MAÑANA O TARDE:
1. español	_____	_____
2. matemáticas	_____	_____
3. arte	_____	_____
4. inglés	_____	_____
5. ciencias	_____	_____

Vocabulario y gramática

C. You work at the local school supplies store. Help take inventory by writing a sentence stating how many there are of each item. Write all numbers in words. (5 points)

1. _____ (60)

2. _____ (42)

4. _____ (75)

5. _____ (52)

3. _____ (98)

D. Write a sentence for each picture saying at what time you have each class. Write out all numbers. (10 points)

1. _____

2. _____

3. _____

4. _____

5. _____

E. Read the following conversation. Write the correct form of the appropriate verb in parentheses. (10 points)

Todos los días yo **1.** _____ (ir / estar) a la escuela con mis amigos. Nosotros **2.** _____ (llegar / necesitar) a la escuela a las ocho. A las ocho y cuarto yo **3.** _____ (ser / tener) la clase de inglés. La clase de inglés **4.** _____ (estar / tener) al lado de la cafetería. En clase el maestro siempre **5.** _____ (hablar / contestar) mucho. Todos los estudiantes **6.** _____ (sacar / tomar) apuntes porque la clase es difícil. Después de la clase, nosotros **7.** _____ (usar / tener) la clase de matemáticas. Nosotros **8.** _____ (estar / tener) que llegar temprano porque cuando tú **9.** _____ (llegar / hablar) tarde el maestro no **10.** _____ (estar / ser) contento.

F. Write a sentence saying where the following students are in the school building. (8 points)

1. Tú practicas deportes.

Tú _____ .

2. Mis amigos estudian porque hay un examen.

Mis amigos _____ .

3. Nosotros hablamos con el director de la escuela.

Nosotros _____ .

4. Yo compro comida.

Yo _____ .

G. How would a good student respond to the following questions? Use the correct expression of frequency in each response. (5 points)

1. ¿Llegas temprano a la escuela? (todos los días / nunca)

2. ¿Hablas con los amigos en clase? (nunca / mucho)

3. ¿Estás nervioso(a) cuando tienes un examen? (de vez en cuando / siempre)

4. ¿Tomas buenos apuntes? (siempre / de vez en cuando)

5. ¿Tienes que ir a la oficina del (de la) director(a)? (nunca / todos los días)

Leer

The senior class in your school will vote for the student who is "the most likely to succeed".
Who will it be? Read the following descriptions and then complete activities H and I.

Rosa Rivera siempre está en la biblioteca. Le gusta leer libros en inglés y en
español. Rosa siempre está contenta y saca 100 en todas las clases.

Rogelio Díaz siempre mira el reloj. ¿Qué hora es, Rogelio? Siempre llega
temprano a la clase de matemáticas (la clase es a las siete de la mañana).

A *Luis Fernández* no le gusta estudiar, pero sí le gusta jugar al fútbol. Siempre
está en el gimnasio. Le gusta hablar con el director. Es muy inteligente, pero
nunca está tranquilo.

Claudia Muñoz pasa un rato en la biblioteca. Ella siempre usa la computadora
para dibujar. Es muy artística y a ella le gusta mucho ir a la clase de arte.

Raúl González es muy inteligente, pero no estudia mucho. Nunca llega
temprano a clase. Muchas veces no tiene el cuaderno, la calculadora, ni el lápiz.
Pero Raúl siempre contesta... ¡todas las preguntas!

H. Identify who is being described. Write your answers on the space provided on
the answer sheet. (5 points)

1. _____ siempre mira su reloj y llega muy temprano a sus clases.

2. _____ no estudia mucho, pero siempre contesta todas las preguntas.

3. _____ siempre está en el gimnasio y nunca está tranquilo.

4. A _____ le gusta leer libros en inglés y en español.

5. A _____ le gusta usar la computadora.

I. Decide if the following statements are **cierto** (true) or **falso** (false). Correct any
false statements to make them true. (8 points)

1. Claudia Muñoz siempre está en la biblioteca.

2. A Raúl González le gusta ir a la clase de arte.

3. Luis Fernández habla con el director mucho.

4. Muchas veces Raúl González no tiene su cuaderno.

Cultura

J. Based on the cultural information in your textbook, match the numbers on the left with the letters on the right. Write the corresponding letter on your answer sheet. (6 points)

1. *Alfabetización* _____

2. Piedra del Sol _____

3. UNAM _____

4. *Autorretrato con collar* _____

5. Diego Rivera _____

6. Andrés Barbero _____

a. Aztec calendar

b. painted murals about Mexican history

c. a painting about free public education

d. museum that contains artifacts from Paraguay's indigenous cultures

e. Frida Kahlo's self portrait

f. the largest public university in Mexico

K. Answer the following questions about culture. (4 points)

1. What type of artwork is Diego Rivera famous for? Who commissioned his work?

2. What type of artwork is Frida Kahlo famous for? What influenced her?

Hablar

L. Look at the pictures of students at school. Describe each picture. Mention where the students are, what they are doing, or, what they have to do. Describe how they are feeling. Identify any items in the picture. (15 points)

a.

c.

b.

Escribir

M. Write a letter to a Spanish-speaking friend describing your school. Make sure that you include the following information:

- your schedule of classes
- the various places in the school building
- your classes and classroom objects
- the activities that you have to do in class and how often you do them (15 points)

¡AVANZA! _____ pts. of 100   Nota _____

¡Éxito! You have successfully accomplished all your goals for this unit.

Review: Before moving to the next lesson, use your textbook to review:

❏ talking about daily schedules **Level 1** pp. 86–87, **Level 1a** pp. 94–96
❏ asking and telling time **Level 1** pp. 86, 90, **Level 1a** pp. 94–95, 99
❏ saying what you have and have to do **Level 1** p. 91, **Level 1a** p. 100
❏ saying what you do and how often you do things **Level 1** p. 96, **Level 1a** p. 106
❏ using the verb **tener** and **tener que** **Level 1** p. 91, **Level 1a** p. 100
❏ using expressions of frequency **Level 1** pp. 87, 93, **Level 1a** pp. 94, 103
❏ using the present tense of **-ar** verbs **Level 1** p. 96, **Level 1a** p. 106
❏ describing classes and classroom objects **Level 1** pp. 110–111, **Level 1a** pp. 122–124
❏ saying where things are located **Level 1** p. 115, **Level 1a** p. 128
❏ saying where you are going **Level 1** p. 120, **Level 1a** p. 134
❏ talking about how you feel **Level 1** pp. 111, 115, **Level 1a** pp. 124, 128
❏ using the verb **estar** **Level 1** p. 115, **Level 1a** p. 128
❏ using the conjugated verb before the subject to ask a question **Level 1** p. 117, **Level 1a** p. 130
❏ using the verb **ir** **Level 1** p. 120, **Level 1a** p. 134

UNIT 2
Unit Test

Escuchar

A.

1. C   F

    _____

2. C   F

    _____

3. C   F

    _____

4. C   F

    _____

You can:
❑ describe classes and classroom objects
____ pts. of 4

B.

1. _____

2. _____

3. _____

4. _____

5. _____

You can:
❑ talk about daily schedule
❑ ask and tell time
____ pts. of 5

Vocabulario y gramática

C.

1. _____

   _____

2. _____

   _____

3. _____

   _____

4. _____

   _____

5. _____

   _____

You can:
❑ describe classes and classroom objects
____ pts. of 5

D.

1. _____
   _____

2. _____
   _____

3. _____
   _____

4. _____
   _____

5. _____
   _____

You can:

❏ use the verb **tener** and **tener que**

❏ ask and tell time

❏ describe classes and classroom objects

____ pts. of 10

E.

1. _____

2. _____

3. _____

4. _____

5. _____

6. _____

7. _____

8. _____

9. _____

10. _____

You can:

❏ use present tense of **-ar** verbs

❏ use the verb **ir**

❏ use the verb **tener** and **tener que**

❏ use the verb **estar**

____ pts. of 10

F.

1. _____

2. _____

3. _____

4. _____

You can:

❏ use the verb **ir**

❏ describe classes and classroom objects

____ pts. of 8

G.

1. _____

_____

2. _____

_____

3. _____

_____

4. _____

_____

5. _____

_____

> **You can:**
> ❏ describe classes and classroom objects
> ❏ use expressions of frequency
>
> ____ pts. of 5

Leer

H.

1. _____

2. _____

3. _____

4. _____

5. _____

> **You can:**
> ❏ talk about daily schedules
>
> ____ pts. of 5

I.

1. C   F

_____

2. C   F

_____

_____

3. C   F

_____

4. C   F

_____

> **You can:**
> ❏ talk about daily schedules
>
> ____ pts. of 8

Cultura

J.

1. _____

2. _____

3. _____

4. _____

5. _____

6. _____

> **You can:**
> ❑ make cultural connections with Mexico
>
> _____ pts. of 6

K.

1. _____

_____

2. _____

_____

> **You can:**
> ❑ make cultural connections with Mexico
>
> _____ pts. of 4

Hablar

L.

> **You can:**
> ❑ describe classes and classroom objects
> ❑ use the verb **estar**
> ❑ use the verb **tener** and **tener que**   _____ pts. of 15

Speaking Criteria	5 Points	3 Points	1 Point
Content	Your description includes a lot of information. You use varied vocabulary.	Your description includes a moderate amount of information. You use adequate vocabulary.	Your description includes little information. You do not vary your vocabulary.
Communication	The teacher understands all of what you are trying to communicate.	The teacher understands most of what you are trying to communicate.	The teacher has difficulty understanding your speech.
Accuracy	You make very few errors in grammar and vocabulary.	You make some errors in grammar and vocabulary.	You make many errors in grammar and vocabulary.

Escribir

M.

_____

_____

_____

_____

_____

_____

_____

_____

_____

_____

_____

_____

_____

_____

_____

You can:

❑ describe classes and classroom objects

❑ ask and tell time

❑ say where you are going

____ pts. of 15

Writing Criteria	5 Points	3 Points	1 Point
Content	Your letter includes a lot of information about your schedule, classes, and activities in school. Your letter demonstrates good use of appropriate vocabulary.	Your letter includes some information about your schedule, classes, and activities in school. Your letter demonstrates moderate use of appropriate vocabulary.	Your letter includes little information about your schedule, classes, and activities in school. Your letter demonstrates insufficient use of appropriate vocabulary.
Communication	All the information in your letter can be understood.	Most of the information in your letter can be understood.	Most of the information in your letter is difficult to understand.
Accuracy	Your letter has few mistakes in grammar and vocabulary.	Your letter has some mistakes in grammar and vocabulary.	Your letter has many mistakes in grammar and vocabulary.

Examen Lección 1

> **¡AVANZA!** **Goal:** Show that you can:
>
> - talk about foods and beverages
> - ask questions
> - say which foods you like and don't like
> - use interrogative words
> - use **gustar** with nouns
> - use present tense of **-er** and **-ir** verbs
> - use the verb **hacer**

Escuchar

Test CD 1 Tracks 15, 16

A. Señor and Señora Rodríguez are at the supermarket. Listen to their conversation. Answer the questions about who likes the following foods. Decide if it is Señor Rodríguez, Señora Rodríguez, or both. (5 points)

1. ¿A quién le gustan las hamburguesas?

2. ¿A quién le gustan las uvas?

3. ¿A quién le gustan las bananas?

4. ¿A quién le gusta el jugo de naranja?

5. ¿A quién le gustan las manzanas?

B. Mrs. Contreras is ordering room service at her hotel. Listen as she calls the reception desk to place her order. Then write the correct word(s) to complete the sentences. (5 points)

1. La señora Contreras tiene ganas de comer _____ .

2. A la señora Contreras le gusta _____ con leche.

3. También le gusta comer _____ .

4. A la señora Contreras no le gusta _____ .

5. La señora Contreras bebe _____ .

Vocabulario y gramática

C. Think of your eating and drinking routines. Complete the following sentences with a food or drink. (6 points)

1. En el desayuno, me gusta beber _____.

2. En el almuerzo, me gusta comer _____.

3. En la cena, me gusta comer _____.

4. Cuando tengo ganas de comer una fruta, como _____.

5. Cuando tengo sed, bebo _____.

6. Cuando tengo mucha hambre, como _____.

D. Write sentences telling what each person likes. (10 points)

1. Marta / pan

2. Pablo y Paco / yogur

3. Susana y Sara / huevos

4. nosotros / hamburguesas

5. usted / manzanas

E. Complete the following dialogues with the interrogative word that corresponds to the answer that has been underlined. (5 points)

1. —¿_____ comen los estudiantes?
   — Los estudiantes comen <u>en la cafetería</u>.

2. —¿_____ es la pizza?
   —La pizza es <u>muy rica</u>.

3. —¿_____ comen los maestros?
   — Ellos comen <u>hamburguesas y papas fritas</u>.

4. —¿_____ come en el restaurante Borinquen?
   —<u>El maestro</u> come en el restaurante Borinquen.

5. —¿_____ beben agua?
   —<u>Porque tienen mucha sed</u>.

F. Say what the following people are doing by filling in the blanks with the correct form of the verb in parentheses. (10 points)

1. Carmen y Claudia _____ las uvas. (compartir)

2. Tú _____ refrescos. (beber)

3. Francisco y yo _____ sándwiches. (vender)

4. El maestro _____ el café. (hacer)

5. Yo _____ pan. (comer)

6. Usted _____ jugo de naranja. (beber)

7. Yo _____ una pizza. (hacer)

8. Nosotros _____ la comida. (compartir)

9. Ellos _____ en el gimnasio. (correr)

10. Benicio _____ correos electrónicos. (escribir)

G. Answer the following questions about your eating preferences. Write your answers in complete sentences. (10 points)

1. ¿Qué te gusta comer en el desayuno?

2. ¿Qué bebes en el almuerzo?

3. ¿Dónde te gusta comer el almuerzo?

4. ¿Te gusta más el jugo de naranja o la leche?

5. ¿Qué frutas te gustan?

Leer

In the early afternoon hours, a hotel guest places a call to the reception desk at a very famous hotel in San Juan, Puerto Rico. The guest's name is Sra. Contreras. Read the following telephone conversation and then complete activities H and I.

Miguel López: Habla Miguel López. Buenas tardes.

Sra. Contreras: Soy la señora Contreras. Necesito el menú para el almuerzo.

Miguel López: Pero hoy es domingo, señora Contreras. Son las tres y media y no hay almuerzo. Pero en la cafetería del hotel venden muchas comidas: sándwiches, hamburguesas y sopas.

Sra. Contreras: A mí no me gustan las hamburguesas. No son nutritivas y tienen pan. No me gusta el pan.

Miguel López: Usted necesita una comida nutritiva, y el pan y las hamburguesas no le gustan... mmm. Y ¿la sopa? Es muy rica y nutritiva. También hay bebidas: leche, jugos y refrescos.

Sra. Contreras: ¿Venden ensaladas en la cafetería?

Miguel López: Sí, señora.

Sra. Contreras: ¡Qué bueno! Entonces como una ensalada de frutas. Es muy nutritiva y muy rica. Muchas gracias, Miguel.

H. Answer the following questions about the conversation as directed. (6 points)

a. List three foods that are available for Mrs. Contreras to order at the hotel cafeteria. Be sure to use an indefinite article, as appropriate.

1. _____   **2.** _____   **3.** _____

b. Mention two foods that Mrs. Contreras would never order:

4. _____   **5.** _____

c. Explain why there is no room service at **El Hotel de San Juan. 6.** _____

I. Choose the answer that best completes the following statements. (3 points)

1. La señora Contreras necesita _____.
   a. un helado   **b.** un jugo   **c.** el menú

2. No hay almuerzo porque _____.
   a. es muy tarde   **b.** es viernes   **c.** no hay pan

3. La señora Contreras no come _____.
   a. ensaladas   **b.** hamburguesas   **c.** frutas

Cultura

J. Read the following statements about Puerto Rico. Write the term to which they refer. (6 points)

1. This old quarter in Puerto Rico has an array of narrow streets and brightly colored houses with balconies: _____

2. This is what you will find in the Plaza de Colón: _____

3. This is a tiny tree frog named for its distinctive song: _____

K. Answer the following questions about food in Puerto Rico. Write your answers in complete sentences. (4 points)

1. What are **pinchos**?

2. What is traditional cooking in Puerto Rico called?

3. What influences does traditional Puerto Rican cooking have?

4. What are **bacalaítos**?

Hablar

L. Look at the pictures of four different food trays. Describe the food in each picture. Include the following information in complete sentences:

- what type of food it is
- when you usually eat this food (breakfast, lunch, dinner)
- whether you like each item
- whether the food is nutritious (15 points)

a.

c.

b.

d.

Escribir

M. You are going to stay with a friend's family for a week. Write them a letter describing what you like and do not like to eat. Include details about all three meals. In your letter ask questions about what they usually eat. Make sure that you include the following information:

- what you like to have for breakfast, lunch, and dinner
- three food items that you do not like
- three questions about what the family eats (15 points)

¡AVANZA! _____ pts. of 100   Nota _____

¡Éxito! You have successfully accomplished all your goals for this lesson.

Review: Before moving to the next lesson, use your textbook to review:

❏ talking about foods and beverages **Level 1** pp. 140–141, **Level 1a** pp. 156–158
❏ asking questions **Level 1** p. 144, **Level 1a** p. 161
❏ using interrogative words **Level 1** pp. 140, 144, **Level 1a** pp. 157, 161
❏ saying which foods you like and don't like **Level 1** p. 145, **Level 1a** p. 162
❏ using **gustar** with nouns **Level 1** p. 145, **Level 1a** p. 162
❏ using the present tense of **-er** and **-ir** verbs **Level 1** p. 150, **Level 1a** p. 168
❏ using the verb **hacer Level 1** p. 152, **Level 1a** p. 170

Escuchar

A.

1. _____
_____

2. _____
_____

3. _____
_____
_____

4. _____
_____

5. _____
_____

You can:
- ❑ talk about foods and beverages
- ❑ use **gustar** with nouns

____ pts. of 5

B.

1. _____

2. _____

3. _____

4. _____

5. _____

You can:
- ❑ talk about foods and beverages

____ pts. of 5

Vocabulario y gramática

C.

1. _____

2. _____

3. _____

4. _____

5. _____

6. _____

You can:
- ❑ talk about foods and beverages

____ pts. of 6

D.

1. _____

   _____

2. _____

   _____

3. _____

   _____

4. _____

   _____

5. _____

   _____

You can:
- ❑ talk about foods and beverages
- ❑ use **gustar** with nouns

____ pts. of 10

E.

1. _____

2. _____

3. _____

4. _____

5. _____

You can:
- ❑ use interrogative words

____ pts. of 5

F.

1. _____

2. _____

3. _____

4. _____

5. _____

6. _____

7. _____

8. _____

9. _____

10. _____

You can:
- ❑ use present tense of **-er** and **-ir** verbs
- ❑ use the verb **hacer**

____ pts. of 10

G.

1. _____

_____

2. _____

_____

3. _____

_____

4. _____

_____

5. _____

_____

You can:

❏ say which foods you like and don't like

____ pts. of 10

Leer

H.

1. _____

2. _____

3. _____

4. _____

5. _____

6. _____

You can:

❏ talk about foods and beverages

____ pts. of 6

I.

1.   a   b   c

2.   a   b   c

3.   a   b   c

You can:

❏ talk about foods and beverages

____ pts. of 3

Nombre _____ Clase _____ Fecha _____

Cultura

J.

1. _____

2. _____

3. _____

You can:
- ❏ make cultural connections with Puerto Rico

____ pts. of 6

K.

1. _____

   _____

2. _____

   _____

3. _____

   _____

4. _____

   _____

You can:
- ❏ make cultural connections with Puerto Rican traditions

____ pts. of 4

Hablar

L.

You can:
- ❏ talk about foods and beverages
- ❏ say which foods you like and don't like   ____ pts. of 15

Speaking Criteria	5 Points	3 Points	1 Point
Content	You use appropriate vocabulary to describe each picture.	You use appropriate vocabulary to describe most of the pictures.	You have difficulty using appropriate vocabulary to describe the pictures.
Communication	The teacher understands all of your descriptions.	The teacher understands most of your descriptions.	The teacher has difficulty understanding your descriptions.
Accuracy	You make few errors in grammar and vocabulary.	You make some errors in grammar and vocabulary.	You make many errors in grammar and vocabulary.

Escribir

M.

_____

_____

_____

_____

_____

_____

_____

_____

_____

_____

_____

_____

_____

_____

_____

_____

You can:
❑ say which foods you like and don't like
❑ ask questions
____ pts. of 15

Writing Criteria	5 Points	3 Points	1 Point
Content	You use varied and appropriate vocabulary to explain what you like to eat for the three meals. You write at least three logical questions.	You use a moderate amount of vocabulary to explain what you like to eat for the three meals. You write at least two logical questions.	You use very little vocabulary to explain what you like to eat for the three meals. You do not write logical questions.
Communication	All the information in your letter can be understood.	Most of the information in your letter can be understood.	Most of the information in your letter is difficult to understand.
Accuracy	You make few grammatical and spelling errors.	You make some grammatical and spelling errors.	You make many grammatical and spelling errors.

Examen Lección 2

┌───┐

¡AVANZA! **Goal:** Show that you can:

- talk about family
- ask and tell ages
- express possession
- give dates
- make comparisons
- use **de** to show possession
- use possessive adjectives
- use comparatives

└───┘

Escuchar

Test CD 1 Tracks 17, 18

A. Listen as Félix describes his family. Write the name of the person that corresponds to each description. (6 points)

1. Son de Puerto Rico.

2. Son los primos de Félix.

3. Son los padres de Félix.

4. Tiene cinco años.

5. Tiene dos hijos.

6. Tiene diez años.

B. It is the beginning of January and Clara and her mother are organizing their calendars. Listen to their conversation and answer the following questions in complete sentences. (4 points)

1. ¿Cuántos años tiene la abuela Ana?

2. ¿Cuándo es el cumpleaños de la tía Cecilia?

3. ¿Qué fecha es el cumpleaños del padre de Clara?

4. ¿Por qué es importante el dieciocho de octubre?

Vocabulario y gramática

C. Who is who in Susana's family? Describe how each member of the family is related to one another. Fill in the blanks with the appropriate vocabulary word. (5 points)

1. La madre de su padre es su _____.

2. La hija de su tía es su _____.

3. Su madre es la _____ de su abuelo.

4. La hermana de su madre es su _____.

5. El hijo de sus padres es su _____.

D. Puerto Rico is conducting a population census to find the number of families that live in each city or town. Write out the number in parentheses in Spanish. (5 points)

1. La ciudad de Arecibo tiene _____ familias. (5.000)

2. La ciudad de Cabo Rojo tiene _____ familias. (850)

3. La ciudad de Vega Baja tiene _____ familias. (1.200)

4. La ciudad de Ponce tiene _____ familias. (2.400)

5. La ciudad de Mayagüez tiene _____ familias. (3.000)

E. Write a sentence stating to whom each item belongs. (4 points)

1. Miguel   2. Olga   3. Rita   4. Julia

F. Write a sentence saying how old your relative is. Then write a second sentence giving his or her birthday. Use the ages and birthdays provided. (10 points)

1. madre (35)
   cumpleaños: 22/10

2. padre (40)
   cumpleaños: 15/07

3. abuela (60)
   cumpleaños: 29/01

4. hermana (10)
   cumpleaños: 20/03

5. prima (15)
   cumpleaños: 25/06

G. Fill in the blank with the appropriate possessive adjective. (5 points)

1. Las chicas tienen un tío. _____ tío es simpático.

2. Tú tienes dos abuelos. ¿Cómo se llaman _____ abuelos?

3. Mi primo tiene un padrastro. _____ padrastro se llama José.

4. Yo tengo un perro. Es _____ perro Princesa.

5. Nosotros tenemos dos primos. Son _____ primos Luis y Manuel.

H. Enrique and Paula are brother and sister. Look at the picture and then write five sentences using comparisons. Use **más**... **que, menos**... **que, tan**... **como,** and **menor** or **mayor.** (10 points)

Paula   **Enrique**

Leer

Read the following paragraph about Pablo's family and then answer activities
I and J.

El padre de Pablo es Manuel y su madre es Laura. Ellos son de San Juan,
Puerto Rico. Los dos son muy trabajadores. Manuel y Laura tienen siete hijos.
El menor es Pablo. Pablo es muy serio. Pablo practica muchos deportes. Los tíos
de Pablo son Alberto y Julia. Sus hijos son Emilio y Vicente. Ellos practican el
fútbol. A todos en la familia de Pablo les gustan los deportes.

I. Read the following statements. In your answer sheet, if the statement is correct,
choose C for **cierto** (true). If the statement is incorrect, choose F for **falso**
(false), and then rewrite it in the space provided. (8 points)

C   F   **1.** El tío de Pablo es Vicente.

C   F   **2.** Pablo es mayor que sus hermanos.

C   F   **3.** Emilio es el primo de Pablo.

C   F   **4.** A Manuel y a Laura no les gusta trabajar.

J. Answer these questions about Pablo using complete sentences. (3 points)

1. ¿Quiénes son los tíos de Emilio y Vicente?

2. ¿Cómo es Pablo?

3. ¿Qué le gusta a la familia de Pablo?

Cultura

K. Answer the following questions about Puerto Rico. Write your answers in complete sentences. (6 points)

1. In Puerto Rico, families often spend time together at the table after a meal. What is this custom called?

2. How many maids of honor does a **quinceañera** have?

3. How many main political parties are there in Puerto Rico? Name them.

L. Answer the following questions about the artist Rafael Tufiño. (4 points)

1. Where is he from?

2. Who is the subject of his portrait *Goyita*?

Nombre _____ Clase _____ Fecha _____

Hablar

M. Look at the picture of a family and use the answers to the following questions to describe and compare them. Give as much information as you can. (15 points)

¿Quiénes son los padres?

¿Quién es menor, Roberto o Alberto?

¿Quién es más alto, Mario o Tomás?

¿Quién es mayor, Alicia o Adela?

¿Cómo son los hijos?

Copyright © by McDougal Littell, a division of Houghton Mifflin Company

Escribir

N. For this writing sample, you are going to "adopt a family." It can be a friend's family, a neighbor's, or even a family from a TV show. Write a paragraph describing all of its members, including their ages. Include comparisons in your description. Make sure that you include the following information:

- the names of the people in the family
- their relationship to each other
- the ages of those people
- two comparisons between them (15 points)

¡AVANZA!   _____ pts. of 100   Nota _____

¡Éxito! You have successfully accomplished all your goals for this lesson.

Review: Before moving to the next lesson, use your textbook to review:

- ❑ talking about family **Level 1** p. 164, **Level 1a** p. 184
- ❑ giving dates **Level 1** pp. 165, 171, **Level 1a** pp. 185, 192
- ❑ using **de** to express possession **Level 1** p. 166, **Level 1a** p. 187
- ❑ expressing possession **Level 1** p. 166, **Level 1a** p. 187
- ❑ asking and telling ages **Level 1** p. 168, **Level 1a** p. 189
- ❑ using possessive adjectives **Level 1** p. 169, **Level 1a** p. 190
- ❑ making comparisons **Level 1** p. 174, **Level 1a** p. 196
- ❑ using comparatives **Level 1** p. 174, **Level 1a** p. 196

Escuchar

A.

1. _____

2. _____

3. _____

4. _____

5. _____

6. _____

You can:

❏ talk about family

____ pts. of 6

B.

1. _____

_____

2. _____

_____

3. _____

_____

4. _____

_____

You can:

❏ talk about family

❏ ask and tell ages

❏ give dates

____ pts. of 4

Vocabulario y gramática

C.

1. _____

2. _____

3. _____

4. _____

5. _____

You can:

❏ talk about family

____ pts. of 5

D.

1. _____

2. _____

3. _____

4. _____

5. _____

> **You can:**
> ❏ use numbers from 200 to 1,000,000
>
> ____ pts. of 5

E.

1. _____
   _____

2. _____
   _____

3. _____
   _____

4. _____
   _____

> **You can:**
> ❏ use **de** to show possession
>
> ____ pts. of 4

F.

1. _____
   _____

2. _____
   _____

3. _____
   _____

4. _____
   _____

5. _____
   _____

> **You can:**
> ❏ ask and tell ages
> ❏ give dates
>
> ____ pts. of 10

G.

1. _____

2. _____

3. _____

4. _____

5. _____

> **You can:**
> ❏ use possessive adjectives
> ____ pts. of 5

H.

1. _____
_____

2. _____
_____

3. _____
_____

4. _____
_____

5. _____
_____

> **You can:**
> ❏ use comparatives
> ____ pts. of 10

Leer

I.

1. C F
_____

2. C F
_____

3. C F
_____

4. C F
_____

> **You can:**
> ❏ talk about family
> ____ pts. of 8

J.

1. _____

_____

2. _____

_____

3. _____

_____

> **You can:**
> ❏ talk about family
> ____ pts. of 3

Cultura

K.

1. _____

_____

2. _____

_____

3. _____

_____

> **You can:**
> ❏ make cultural connections
> ____ pts. of 6

L.

1. _____

_____

2. _____

> **You can:**
> ❏ make cultural connections
> ____ pts. of 4

Hablar

M.

> **You can:**
> ❏ talk about family
> ❏ ask and tell ages
> ❏ use comparatives ____ pts. of 15

Speaking Criteria	5 Points	3 Points	1 Point
Content	You describe the family portrait in detail. You identify people, give ages, and make comparisons for many people.	You describe the family portrait in moderate detail. You identify people, give ages, and make comparisons for a few people.	Your description of the family portrait lacks detail. You do not identify people, give ages, or make comparisons.
Communication	The teacher understands all of your descriptions.	The teacher understands most of your descriptions.	The teacher has difficulty understanding your descriptions.
Accuracy	You make very few errors in grammar and vocabulary.	You make some errors in grammar and vocabulary.	You make many errors in grammar and vocabulary.

Escribir

N.

_____

_____

_____

_____

_____

_____

_____

_____

_____

_____

_____

_____

_____

_____

_____

_____

You can:
- ❏ talk about family
- ❏ ask and tell ages
- ❏ use comparatives

____ pts. of 15

Writing Criteria	5 Points	3 Points	1 Point
Content	You clearly identify four people in the family, give their ages, and describe their position in the family. You make two logical comparisons.	You identify several people in the family and give some of their ages and position the family. You make at least one logical comparison.	You have difficulty identifying the people in the family. You are not able to give their ages or to identify or describe their position in the family. You do not write logical comparisons.
Communication	Your description of the family is clear and easy to understand.	Most of your description is clear and easy to understand.	Your description of the family is unclear and difficult to understand.
Accuracy	You make very few errors in grammar, spelling, and vocabulary.	You make some errors in grammar, spelling, and vocabulary.	You make many errors in grammar, spelling, and vocabulary.

Examen Unidad 3

> **¡AVANZA!** **Goal:** Demonstrate that you have successfully learned to:
>
> - talk about foods and beverages
> - ask questions
> - say which foods you like and don't like
> - use interrogative words
> - use **gustar** with nouns
> - use present tense of **-er** and **-ir** verbs
> - use the verb **hacer**
> - talk about family
> - ask and tell ages
> - express possession
> - give dates
> - make comparisons
> - use **de** to show possession
> - use possessive adjectives
> - use comparatives

Escuchar

Test CD 1 Tracks 19, 20

A. Listen as Rebeca describes members of her family. Write the correct word(s) that describe Rebeca's relationship to each person. (5 points)

1. Mariana es su _____.

4. Samuel es su _____.

2. Carlos y Pedro son sus _____.

5. Javier es su _____.

3. Julia es su _____.

B. Felipe is an exchange student from Puerto Rico. Listen as he asks his host sister, Marta, questions about her eating habits and then decide if each statement is **cierto** (true) or **falso** (false). Circle the corresponding letter on your answer sheet. If the statement is false, rewrite it. (5 points)

1. Marta come un desayuno nutritivo.

2. A Marta le gustan los huevos.

3. Marta bebe el jugo de naranja en el desayuno.

4. Marta come en la cafetería de la escuela.

5. Marta no come después de las clases.

Vocabulario y gramática

C. Write a sentence for each picture saying what the following people eat or drink.
(8 points)

1. El maestro _____.

2. Los hijos _____.

3. Nosotros _____.

4. Tú _____.

D. Write a logical question for each one of the following answers. Please use an interrogative word in each question. (10 points)

1. —¿_____?

—Yo voy a la escuela hoy porque es lunes.

2. —¿_____?

—Ricardo tiene seis amigos.

3. —¿_____?

—Tengo que estar en la escuela a las ocho de la mañana.

4. —¿_____?

—La pizza es muy rica.

5. —¿_____?

—Los niños comparten un sándwich.

E. Answer the following questions about what you like to eat and drink.
Please answer in complete sentences. (8 points)

1. ¿Te gusta la sopa?

2. ¿Te gustan más las manzanas o las bananas?

3. ¿Qué comidas nutritivas te gustan?

4. ¿Qué bebidas te gustan?

F. Answer the following questions about birthdays, dates, and people's ages. (5 points)

1. ¿Cuántos años tienes?

2. ¿Cuántos años tienes tu mejor amigo(a)?

3. ¿Cuál es tu fecha de nacimiento?

4. ¿Cuál es la fecha de nacimiento de tu mejor amigo(a)?

5. ¿Cuál es la fecha?

G. The dollar amount is written on each check in numeral form. Write the amount in words for each check. (5 points)

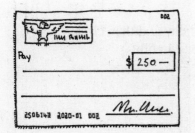

1.

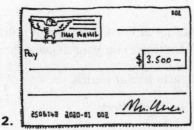

2.

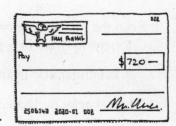

3.

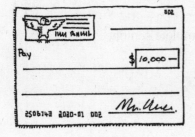

4.

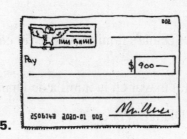

5.

H. Fill in the blank with the possessive adjective that corresponds to the underlined word(s). (4 points)

1. La madre <u>de Rodrigo</u> es atlética. _____ madre practica deportes.

2. Las primas <u>de Marisol</u> son inteligentes. _____ primas hacen la tarea.

3. ¿Y <u>tú</u>? ¿Cómo se llaman _____ abuelos?

4. <u>Yo</u> me llamo Mateo. _____ hermanos se llaman Nicolás y Sarita.

Leer

Diana wrote an essay about her fourteenth birthday celebration for a school assignment. Read her essay and then complete activities I and J.

Hoy es mi cumpleaños. Tengo catorce años. Mi familia es muy grande. Tengo una hermana y un hermano. Mi hermana Camila es mayor que nosotros. Ella tiene veinte años. A ella le gusta mucho bailar. A mi hermano menor, Mateo, le gusta escuchar la música tanto como comer. Él es muy cómico.

Carmen y Ana son mis primas. Ellas son de Nueva York. A ellas les gusta hablar inglés tanto como español. ¡Son muy divertidas!

Paco y Lucía son mis abuelos. Mis hermanos y yo tenemos unos abuelos muy buenos. Ellos comparten todo con nosotros. Viven en Puerto Rico, pero están aquí para mi cumpleaños.

I. Read the following statements about Diana's fourteenth birthday and then circle C for **cierto** (true) or F for **falso** (false) on your answer sheet. (4 points)

1. A la hermana de Diana le gusta hablar inglés.

2. Los abuelos de Diana son de Nueva York.

3. La familia de Diana es muy pequeña.

4. El hermano de Diana es muy serio.

J. Answer these questions about Diana's family. Answer in complete sentences. (6 points)

1. ¿Quién es el (la) hermano(a) mayor en la familia de Diana?

2. ¿Cómo son los abuelos de Diana? ¿Por qué?

3. ¿Por qué son divertidas la primas de Diana?

Cultura

K. Based on the cultural information in your textbook about Puerto Rico, identify
the following facts about Puerto Rico. (6 points)

1. It's a beautiful tropical rain forest in Puerto Rico: _____

2. This is a tiny frog found in Puerto Rico: _____

3. This is an old colonial quarter: _____

4. A famous waterfall in Puerto Rico is: _____

5. These are fried green plantains: _____

6. These are skewers of chicken or pork: _____

L. Answer the following questions about the traditional **quinceañera** celebration.
(4 points)

1. What does the word **quinceañera** refer to?

2. What are three important traditions related to the **quinceañera** celebration in Puerto Rico?

Hablar

M. Ask your teacher questions about what he or she eats for breakfast and lunch. Do the following to find out about his or her food preferences:

- ask what he or she eats for breakfast and lunch
- ask when and where he or she eats different meals
- ask if he or she likes specific items

Finally, give a summary of what your teacher likes to eat. (15 points)

Escribir

N. Write an e-mail to a friend describing one very special person in your family. Make sure that you include the following information:

- how he or she is related to you
- how old he or she is
- an important personality trait
- what he or she likes to do
- what he or she likes to eat
- a comparison of this person to yourself (15 points)

¡AVANZA!   _____ pts. of 100   Nota _____

¡Éxito! You have successfully accomplished all your goals for this unit.

Review: Before moving to the next lesson, use your textbook to review:

- ❏ talking about foods and beverages **Level 1** pp. 140–141, **Level 1a** pp. 156–158
- ❏ asking questions **Level 1** p. 144, **Level 1a** p. 161
- ❏ using interrogative words **Level 1** pp. 140, 144, **Level 1a** pp. 157, 161
- ❏ saying which foods you like and don't like **Level 1** p. 145, **Level 1a** p. 162
- ❏ using **gustar** with nouns **Level 1** p. 145, **Level 1a** p. 162
- ❏ using the present tense of **-er** and **-ir** verbs **Level 1** p. 150, **Level 1a** p. 168
- ❏ using the verb **hacer Level 1** p. 152, **Level 1a** p. 170
- ❏ talking about family **Level 1** p. 164, **Level 1a** p. 184
- ❏ giving dates **Level 1** pp. 165, 171, **Level 1a** pp. 185, 192
- ❏ using **de** to express possession **Level 1** p. 166, **Level 1a** p. 187
- ❏ expressing possession **Level 1** p. 166, **Level 1a** p. 187
- ❏ asking and telling ages **Level 1** p. 168, **Level 1a** p. 189
- ❏ using possessive adjectives **Level 1** p. 169, **Level 1a** p. 190
- ❏ making comparisons **Level 1** p. 174, **Level 1a** p. 196
- ❏ using comparatives **Level 1** p. 174, **Level 1a** p. 196

UNIT 3
Unit Test

Escuchar

A.

1. _____

2. _____

3. _____

4. _____

5. _____

> **You can:**
> ❑ talk about family
> ____ pts. of 5

B.

1. C   F

_____

2. C   F

_____

3. C   F

_____

4. C   F

_____

5. C   F

_____

> **You can:**
> ❑ talk about foods and beverages
> ____ pts. of 5

Vocabulario y gramática

C.

1. _____

2. _____

3. _____

4. _____

> **You can:**
> ❑ talk about foods and beverages
> ❑ use present tense of **-er** and **-ir** verbs
> ____ pts. of 8

D.

1. _____

   _____

2. _____

   _____

3. _____

   _____

4. _____

   _____

5. _____

   _____

You can:
❑ use interrogative words
❑ use present tense of **-er** and **-ir** verbs
____ pts. of 10

UNIT 3
Unit Test

E.

1. _____

2. _____

3. _____

4. _____

You can:
❑ use **gustar** with nouns
____ pts. of 8

F.

1. _____

   _____

2. _____

   _____

3. _____

   _____

4. _____

   _____

5. _____

   _____

You can:
❑ give dates
❑ ask and tell ages
____ pts. of 5

G.

1. _____

   _____

2. _____

   _____

3. _____

   _____

4. _____

   _____

5. _____

   _____

You can:
❑ use numbers from 200 to 1,000,000

____ pts. of 5

H.

1. _____

2. _____

3. _____

4. _____

You can:
❑ use possessive adjectives

____ pts. of 4

Leer

I.

1. C F   3. C F

2. C F   4. C F

You can:
❑ talk about family

____ pts. of 4

J.

1. _____

   _____

2. _____

   _____

3. _____

   _____

You can:
❑ talk about family

____ pts. of 6

Cultura

K.

1. _____
2. _____
3. _____
4. _____
5. _____
6. _____

> **You can:**
> ❏ make cultural connections with Puerto Rico
>
> ____ pts. of 6

L.

1. _____
_____

2. _____
_____

> **You can:**
> ❏ make cultural connections with Puerto Rico
>
> ____ pts. of 4

Hablar

M.

> **You can:**
> ❏ talk about foods and beverages
> ❏ use interrogative words
> ❏ use **gustar** with nouns   ____ pts. of 15

Speaking Criteria	5 Points	3 Points	1 Point
Content	You ask your teacher many logical questions about meals. You ask your teacher many logical questions about specific types of food. You use varied vocabulary in your questions.	You ask your teacher some logical questions about meals. You ask your teacher some logical questions about specific types of food. You use adequate vocabulary in your questions.	You do not ask your teacher logical questions about meals. You do not ask your teacher questions about specific types of food. You do not use varied vocabulary in your questions.
Communication	The teacher understands all of what you are trying to communicate.	The teacher understands most of what you are trying to communicate.	The teacher has difficulty understanding your speech.
Accuracy	You make very few errors in grammar and vocabulary.	You make some errors in grammar and vocabulary.	You make many errors in grammar and vocabulary.

Escribir

N.

_____

_____

_____

_____

_____

_____

_____

_____

_____

_____

_____

_____

_____

_____

_____

_____

You can:
- ❏ talk about family
- ❏ ask and tell ages
- ❏ use **gustar** with nouns
- ❏ make comparisons

____ pts. of 15

Writing Criteria	5 Points	3 Points	1 Point
Content	Your e-mail includes a lot of information and description about a family member. Your e-mail demonstrates good use of appropriate vocabulary.	Your e-mail includes some information and description about a family member. Your e-mail demonstrates moderate use of appropriate vocabulary.	Your e-mail includes little information about a family member. Your e-mail demonstrates insufficient use of appropriate vocabulary.
Communication	All the information in your e-mail can be understood.	Most of the information in your e-mail can be understood.	Most of the information in your e-mail is difficult to understand.
Accuracy	Your e-mail has few mistakes in grammar and vocabulary.	Your e-mail has some mistakes in grammar and vocabulary.	Your e-mail has many mistakes in grammar and vocabulary.

Examen Lección 1

¡AVANZA! **Goal:** Demonstrate that you have successfully learned to:

- talk about what clothes you want to buy
- say what you wear in different seasons
- use **tener** expressions
- use stem-changing verbs: **e→ie**
- use direct object pronouns

Escuchar

Test CD 1 Tracks 21, 22

A. Susana and Carolina decide to go shopping to a shopping center in Madrid. Listen to their conversation. Complete the following sentences using the information from the dialogue. (5 points)

1. Susana no quiere llevar _____.

2. Susana _____ comprar el vestido verde.

3. El vestido verde cuesta quinientos _____.

4. Susana compra el vestido _____.

5. Después de comprar el vestido, Susana quiere comprar _____.

B. Listen to an announcement in a clothing store in Barcelona. Write in words the correct price for each item. (5 points)

1. Las camisas: _____

2. Los pantalones: _____

3. Los zapatos: _____

4. Las chaquetas: _____

5. Los vestidos: _____

Nombre _____ Clase _____ Fecha _____

Vocabulario y gramática

C. You are helping your friend Marcos pack. Help him label the following clothing items according to the pictures. Include a definite article in your answers. (6 points)

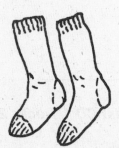

1. _____

4. _____

2. _____

5. _____

3. _____

6. _____

D. Write a sentence telling what the season is. (4 points)

1. Es diciembre. Hace mucho frío y nieva.

2. Es julio, y llevo unos pantalones cortos.

3. Es octubre, y llevo zapatos marrones.

4. Es abril. Hace un poco de calor.

E. Write complete sentences telling what the following people want to wear. Be sure to include a clothing item and to say what color it is. (10 points)

1. Marta Martínez (querer)

2. Pedro Gutiérrez (preferir)

3. tú (querer)

4. yo (preferir)

5. vosotros (querer)

F. Marta is shopping with her mother. Fill in the blanks with the correct direct object pronoun. Use the direct object pronouns as many times as you need. (10 points)

Marta: ¿Me compras ropa, Mamá?

La madre: Sí, te compro ropa, pero no quiero pagar mucho.

¿**1.** _____ entiendes?

Marta: Sí, mamá, **2.** _____ entiendo.

La madre: ¿Quieres el vestido verde?

Marta: No, mamá, no **3.** _____ quiero.

La madre: ¿Quieres los pantalones negros?

Marta: Sí, **4.** _____ quiero.

La madre: Bueno, te compro los pantalones negros.

Marta: Pero mamá, también necesito blusas.

La madre: ¿Por qué **5.** _____ necesitas?

Marta: Las necesito para la escuela.

La madre: Bueno, hija, te compro dos blusas, pero eso es todo.

Marta: ¡Muchas gracias, mamá!

G. Answer the following questions about your clothing and shopping preferences. Answer in complete sentences. (10 points)

1. ¿Dónde compras tu ropa?

2. ¿Qué color prefieres?

3. ¿Qué llevas en el verano cuando tienes mucho calor?

4. ¿Qué llevas en el gimnasio?

5. ¿Qué llevas cuando tienes mucho frío?

Leer

A group of friends go shopping at the mall. Read their conversation. After you read the conversation, do activities H and I.

Analía: Yo quiero comprar un vestido. Y tú, ¿qué quieres comprar?

Paula: Yo prefiero un sombrero y una chaqueta.

Laura: Yo quiero unos jeans negros.

Paula: ¿De qué color quieres el vestido, Analía?

Analía: Quiero un vestido rojo. Es para la primavera.

Laura: Y tú, Paula, ¿de qué color quieres la chaqueta?

Paula: Prefiero una chaqueta marrón para llevar en el invierno. No quiero tener frío.

Analía: Laura, ¿por qué quieres unos jeans?

Laura: Los quiero para ir a la escuela.

Analía: Bueno, ¿A qué tienda vamos? Yo no tengo mucho dinero…

Paula: Hay una tienda que me gusta mucho. Tienen muy buenos precios.

Analía: ¡Qué bien!

H. Read the following statements about the conversation. Then circle C for **cierto** (true) or F for **falso** (false) on your answer sheet. Rewrite the statements that are falase. (4 points)

1. El vestido de Analía es para el otoño.

2. Laura quiere unos jeans para ir a la escuela.

3. Paula prefiere una chaqueta negra.

4. Las chicas tienen mucho dinero.

I. Answer the following questions about the conversation. Answer in complete sentences. (6 points)

1. ¿Por qué Paula prefiere una chaqueta?

2. ¿Para qué estación quiere Laura los jeans negros?

3. ¿Cómo son los precios en la tienda?

Cultura

J. Complete the following sentences with the information you learned about Spanish culture. (6 points)

1. A famous Spanish surrealist artist is _____.

2. Pablo Picasso painted a picture of _____, a famous fictional character from a Cervantes novel.

3. In **flamenco** and **sevillanas**, people _____.

4. During a Spanish soccer game, the fans often sing _____.

5. In surrealist art, the artists are often inspired by _____.

6. In **La persistencia de la memoria**, the watches represent _____.

K. Your good friend Carlos has never traveled abroad. In July, Carlos is going to Spain and to Chile. Based on your knowledge of weather patterns in different parts of the world, answer these two questions. (4 points)

1. Explain what weather he is most likely to find in Spain and Chile.

2. What two things determine the climate variations in Chile?

Hablar

L. Look at the following pictures. Each picture has two different items of clothing
with their price tags. For each picture answer the questions that follow.
(15 points)

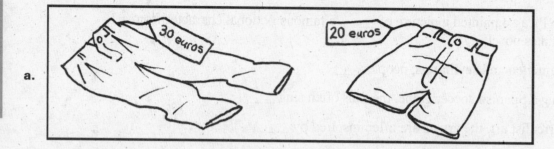

a.

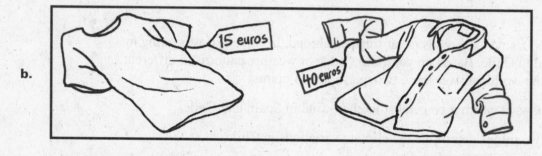

b.

c.

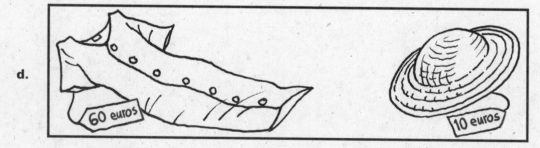

d.

1. ¿Qué ropa es?

2. ¿Cuánto cuesta?

3. ¿En qué estación la llevas?

4. ¿Qué otra ropa llevan las personas durante la misma estación?

5. ¿Cuál de las dos prefieres?

Escribir

M. A fashion consultant is going to give you a makeover. Write him an e-mail describing your fashion preferences. Give as many details as you want. Make sure that you include the following:

- three items of clothing that you do not wear
- your five fashion preferences
- your favorite season in terms of clothing
- which colors you prefer to wear
- how much you usually pay for clothes (15 points)

¡AVANZA! _____ pts. of 100   Nota _____

¡Éxito! You have successfully accomplished all your goals for this lesson.

Review: Before moving to the next lesson, use your textbook to review:

- ❏ talking about clothes you want to buy **Level 1** p.194–195, **Level 1a** p. 218–219
- ❏ saying what you wear in different seasons **Level 1** p. 195, **Level 1a** p. 220
- ❏ using **tener** expressions **Level 1** p.198, **Level 1a** p. 223
- ❏ using stem-changing verbs: **e→ie Level 1** p. 199, **Level 1a** p. 224
- ❏ using direct object pronouns **Level 1** p. 204, **Level 1a** p. 230

Escuchar

A.

1. _____

2. _____

3. _____

4. _____

5. _____

You can:

❏ talk about what clothes you want to buy

____ pts. of 5

B.

1. _____

2. _____

3. _____

4. _____

5. _____

You can:

❏ talk about what clothes you want to buy

____ pts. of 5

Vocabulario y gramática

C.

1. _____

2. _____

3. _____

4. _____

5. _____

6. _____

You can:

❏ talk about what clothes you want to buy

____ pts. of 6

D.

1. _____

2. _____

3. _____

4. _____

You can:

❏ say what you wear in different seasons

____ pts. of 4

E.

1. _____

_____

2. _____

_____

3. _____

_____

4. _____

_____

5. _____

_____

You can:

❏ talk about what clothes you want to buy

❏ use stem-changing verbs: **e→ie**

____ pts. of 10

F.

1. _____

2. _____

3. _____

4. _____

5. _____

You can:

❏ use direct object pronouns

____ pts. of 10

G.

1. _____

_____

2. _____

_____

3. _____

_____

4. _____

_____

5. _____

_____

You can:
❏ talk about what clothes you want to buy
❏ use **tener** expressions
____ pts. of 10

Leer

H.

1. C   F

_____

2. C   F

_____

3. C   F

_____

4. C   F

_____

You can:
❏ talk about what clothes you want to buy
____ pts. of 4

I.

1. _____

_____

2. _____

_____

3. _____

_____

You can:
❏ talk about what clothes you want to buy
____ pts. of 6

Cultura

J.

1. _____

   _____

2. _____

   _____

3. _____

   _____

4. _____

   _____

5. _____

   _____

6. _____

   _____

> **You can:**
> ❑ make connections
>   with Spanish culture
>
> ____ pts. of 6

K.

1. _____

   _____

2. _____

   _____

> **You can:**
> ❑ make connections
>   with other countries
>
> ____ pts. of 4

Hablar

L.

> **You can:**
> ❑ talk about what clothes you want to buy
>
> ____ pts. of 15

Speaking Criteria	5 Points	3 Points	1 Point
Content	For each picture, you identify the clothes, give prices, and state your preference.	For most (but not all) of the pictures, you identify the clothes, give prices, and state your preference.	You are unable to identify many of the pictures. You do not identify the clothes, give prices, or state your preference.
Communication	The teacher understands all of your descriptions.	The teacher understands most of your descriptions.	The teacher has difficulty understanding your descriptions.
Accuracy	You make very few errors in grammar and vocabulary.	You make some errors in grammar and vocabulary.	You make many errors in grammar and vocabulary.

Escribir

M.

_____

_____

_____

_____

_____

_____

_____

_____

_____

_____

_____

_____

_____

_____

_____

You can:
- ❏ talk about what clothes you want to buy
- ❏ say what you wear in different seasons

____ pts. of 15

Writing Criteria	5 Points	3 Points	1 Point
Content	You wrote about three items of clothing. You include details about the color, price and store for each item. You vary your vocabulary and sentence structure.	You write about at least two items of clothing. You include details about the color, price and store for most (but not all) of the items. You use a moderate amount of variety in your vocabulary and sentence structure.	Your e-mail does not include complete descriptions of articles of clothing. You do not include details about the color, price and store for each item. You do not vary your vocabulary or sentence structure.
Communication	The reader can understand all of your ideas.	The reader can understand most of your ideas.	The reader does not understand most of your ideas.
Accuracy	You use language correctly including grammar, spelling, and vocabulary.	You have some problems with language use including grammar, spelling, and/or vocabulary.	You have many problems with language use including grammar, spelling, and vocabulary.

Examen Lección 2

> **¡AVANZA!** **Goal:** Demonstrate that you have successfully learned to:
>
> - describe places and events in town
> - talk about types of transportation
> - say what you are going to do
> - order from a menu
> - use the verb **ver and ir a** + infinitive
> - use stem-changing verbs: **o→ue**
> - use stem-changing verbs: **e→i**

Escuchar

Test CD 1 Tracks 23, 24

A. Listen as Cristina and Roberto discuss their plans for the afternoon. Put their activities in order by placing the letter of each activity in the correct order. Write the corresponding letters on your answer sheet. (4 points)

1. ____

2. ____

3. ____

4. ____

a. Van a ir al teatro.

b. Van a ir al centro.

c. Van a cenar en un restaurante.

d. Van a ir de compras.

B. Listen as your waiter describes the menu. Answer the following questions in complete sentences. (4 points)

1. ¿Qué plato prefiere el camarero?

2. ¿Con qué sirven el pollo?

3. ¿Qué sirven con el plato principal?

4. ¿Qué postre prefiere el camarero?

Vocabulario y gramática

C. Identify each one of the following items. (6 points)

1.

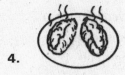

4.

2.

5.

3.

6.

D. The following people are going to different places. Fill in the blanks with the present tense form of **ir a** + place. Suggest the place where they can go. (6 points)

1. Para ver una película, tú _____.

2. Para comprar las entradas al teatro, nosotros _____.

3. Para escuchar música rock, ustedes _____.

4. Para almorzar, Rosa y Elena _____.

5. Para jugar al fútbol, yo _____.

6. Para ir de compras, ellas _____.

E. These people are buying different things at the mall. Write what they are going to do. Use **ir a** + infinitive. (8 points)

1. Laura compra libros.

2. Yo compro un sándwich.

3. Vosotros compráis unos refrescos.

4. Los estudiantes compran las entradas.

F. Complete the following short dialogues with the present tense of the correct verbs from the box. (8 points)

| dormir | almorzar | poder | pedir |

1. —Yo _____ a las doce.
   — Nosotros _____ a la una.

2. —¿Tú _____ comer carne?
   —Nosotros no _____ comer carne.

3. —Yo _____ siete horas por la noche.
   —Nosotros _____ nueve horas.

4. —Yo _____ un refresco cuando voy al restaurante.
   —Nosotros _____ leche cuando vamos al restaurante.

G. Answer the following questions about the different places that you go in your town or city. (10 points)

1. ¿Comes mucho en los restaurantes? ¿Qué pides cuando vas a un restaurante?

2. ¿Qué bebida pides cuando vas a un café?

3. ¿Prefieres ir al cine o al teatro?

4. ¿Cuánto cuesta una entrada para el cine?

5. ¿Vas mucho al parque? ¿Qué haces en el parque?

Leer

Edgar is writing in his journal about an upcoming trip to his favorite restaurant. Read his journal entry and then complete activities H and I.

Por la tarde vamos a ir al restaurante El Mariachi. Voy a almorzar con mis padres, mis hermanos y mi abuelo. Vamos al restaurante por el cumpleaños de mi hermano mayor. Me gusta el restaurante porque la comida es muy rica y tienen muchos platos buenos. Primero, vamos a pedir las bebidas. Mis hermanos y yo siempre pedimos refrescos. Para comer, empezamos con una sopa, tal vez una sopa con verduras y arroz. Después van a servir la ensalada. Para el plato principal, tengo ganas de comer carne. A mis hermanos les gusta el pollo y a mi papá le gusta mucho el pescado. A mi mamá no le gusta la carne. Siempre tiene que hablar con el camarero porque no puede comer carne. De postre, vamos a pedir un pastel de cumpleaños para mi hermano. Después de comer, vamos a descansar.

H. Read the following statements about Edgar's journal entry and then circle C for **cierto** (true) or F for **falso** (false) on your answer sheet. (4 points)

1. La familia de Edgar va a almorzar en un restaurante.

2. Edgar y sus hermanos van a beber refrescos.

3. A todos en la familia de Edgar les gusta la carne.

4. Para el plato principal, Edgar va a comer carne.

I. Answer these questions about Edgar's journal entry. Answer in complete sentences. (8 points)

1. ¿Por qué van a ir al restaurante?

2. ¿Qué tipo de sopa van a pedir?

3. ¿Qué van a comer de postre?

4. ¿Qué van a hacer después de comer?

Cultura

J. Write the answer that identifies the cultural information about Spanish markets and culture in different Spanish-speaking countries. (12 points)

1. This is one of the oldest flea markets in Madrid.

2. What are **huipiles** and where can you find them?

3. Guatemala, like Spain, hosts a famous market in the town of Chichicastenango. What would you find there?

4. In the seventeenth century, which artist painted "**Las meninas**"?

5. What does the term "**la infanta**" mean?

6. Which famous artist included himself in his own masterpiece?

Hablar

K. Talk about the activities that you and your friends are planning for this Saturday.
Be sure to include:

- where you will go
- what you will do
- who you will go with
- how you will get there
- what you are going to eat and drink

Then ask your teacher at least two specific questions about his/her plans for the weekend.
(15 points)

Escribir

L. You are going to spend an afternoon having fun in the city with your best friend. Write a paragraph describing your plans for the afternoon. Include as many details as possible. Make sure that you:

- mention at what time your "adventure in the city" will begin
- describe three places where you will go
- tell how you will get there
- describe what activities you will do in each place
- tell where you will have dinner (15 points)

¡AVANZA!   _____ pts. of 100   Nota _____

¡Éxito! You have successfully accomplished all your goals for this lesson.

Review: Before moving to the next lesson, use your textbook to review:

❏ talking about types of transportation **Level 1** p. 218, **Level 1a** p. 246
❏ describing places and events in town **Level 1** p. 219, **Level 1a** p. 247
❏ using the verb **ver Level 1** p. 220, **Level 1a** p. 249
❏ talking about what you are going to do **Level 1** p. 222, **Level 1a** p. 251
❏ using **ir a** + infinitive **Level 1** p. 222, **Level 1a** p. 251
❏ using stem-changing verbs: **o→ue Level 1** p. 223, **Level 1a** p. 252
❏ using stem-changing verbs: **e→i Level 1** p. 228, **Level 1a** p. 258
❏ ordering from a menu **Level 1** p. 229, **Level 1a** p. 259

Escuchar

A.

1. ____

2. ____

3. ____

4. ____

5. ____

> **You can:**
> ❑ describe places and events in town
>
> ____ pts. of 4

B.

1. _____
   _____

2. _____
   _____

3. _____
   _____

4. _____
   _____

> **You can:**
> ❑ order from a menu
>
> ____ pts. of 4

Vocabulario y gramática

C.

1. _____

2. _____

3. _____

4. _____

5. _____

6. _____

> **You can:**
> ❑ order from a menu
>
> ____ pts. of 6

D.

1. _____

2. _____

3. _____

4. _____

5. _____

6. _____

> **You can:**
> ❑ describe places and events in town
>
> ____ pts. of 6

E.

1. _____
   _____

2. _____
   _____

3. _____
   _____

4. _____
   _____

> **You can:**
> ❑ say what you are going to do
>
> ____ pts. of 8

F.

1. _____
   _____

2. _____
   _____

3. _____
   _____

4. _____
   _____

> **You can:**
> ❑ use stem-changing verbs: **o→ue**
> ❑ use stem-changing verbs: **e→i**
>
> ____ pts. of 8

G.

1. _____

   _____

2. _____

   _____

3. _____

   _____

4. _____

   _____

5. _____

   _____

> **You can:**
> ❏ describe places and events in town
> ❏ order from a menu
> ____ pts. of 10

Leer

H.

1. a   b   c   d

2. a   b   c   d

3. a   b   c   d

4. a   b   c   d

> **You can:**
> ❏ order from a menu
> ____ pts. of 4

I.

1. _____

   _____

2. _____

   _____

3. _____

   _____

4. _____

   _____

> **You can:**
> ❏ order from a menu
> ____ pts. of 8

Cultura

J.

1. _____

_____

2. _____

_____

3. _____

_____

4. _____

_____

5. _____

_____

6. _____

_____

You can:
- ❏ make cultural connections with other countries

____ pts. of 12

Hablar

K.

You can:
- ❏ say what you are going to do ____ pts. of 15

Speaking Criteria	5 Points	3 Points	1 Point
Content	You describe your group's plans for the weekend in detail. You describe where you all will go and what you will do.	You describe your group's plans for the weekend. You mention places where you will go, but you do not include significant detail.	You do not describe your group's plans for the weekend. You do not talk about places where you will go nor the activities that you will do.
Communication	Your speech is easy to understand. Your weekend plans are very detailed.	Your speech is somewhat understandable. Your weekend plans are too simple.	Your speech is difficult to understand.
Accuracy	You make very few errors in grammar and vocabulary.	You make some errors in grammar and vocabulary.	You make many errors in grammar and vocabulary.

Escribir

L.

_____

_____

_____

_____

_____

_____

_____

_____

_____

_____

_____

_____

_____

_____

_____

_____

_____

You can:

❑ say what you are going to do

❑ describe places and events in town

____ pts. of 15

Writing Criteria	5 Points	3 Points	1 Point
Content	You write about three places where you will go. You use a variety of vocabulary to describe the activities that you will do in each place.	You write about at least two places where you will go. You describe the activities that you do in each place, but you need to work on the variety of your vocabulary.	You have trouble describing the places where you will go. You do not use appropriate vocabulary to describe your places or activities.
Communication	The reader can understand all of your ideas.	The reader can understand most of your ideas.	The reader cannot understand most of your ideas.
Accuracy	You use language correctly including grammar, spelling, and vocabulary.	You have several problems with language use including grammar, spelling, and vocabulary.	You have many problems with language use including grammar, spelling, and vocabulary.

Examen Unidad 4

┌───┐

¡AVANZA! **Goal:** Demonstrate that you have successfully learned to:

  • talk about what clothes you want to buy
  • say what you wear in different seasons
  • use **tener** expressions
  • use stem-changing verbs: **e→ie**
  • use direct object pronouns
  • describe places and events in town
  • talk about types of transportation
  • say what you are going to do
  • order from a menu
  • use the verbs **ver, ir a** + infinitive
  • use stem-changing verbs: **o→ue**
  • use stem-changing verbs: **e→i**

└───┘

Escuchar

Test CD 1 Tracks 25, 26

A. Listen as Sancha and her mother talk about summer clothes and then circle C
for **cierto** (true) or F for **falso** (false) on your answer sheet. If the statement is
false, rewrite it in the space provided on the answer sheet. (5 points)

1. Sancha quiere ropa nueva.

2. Sancha va a llevar un vestido negro.

3. Cuando tiene mucho calor, Sancha necesita llevar una camiseta.

4. La tienda está cerca del parque.

5. A Sancha le gusta ir de compras.

B. Listen to the radio commercial for the restaurant El Menú. Fill in the blanks
with the missing word(s). (5 points)

1. El restaurante está al lado del _____ .

2. El restaurante sirve _____ .

3. El restaurante cierra a _____ .

4. Sirven el pescado con _____ .

5. Un _____ cuesta diez dólares.

Vocabulario y gramática

C. A group of friends is going on a picnic. Look at the picture of the picnic table and write the word for each item in Spanish. (5 points)

D. Your Spanish teacher decided to play a guessing game to review the vocabulary in this unit. Guess what she is talking about. (5 points)

1. *Las* compro para ir al <u>teatro</u>.

2. *La* veo cuando voy al <u>cine</u>.

3. *Los* llevo en el <u>verano</u>.

4. *La* pago después de comer en un <u>restaurante</u>.

5. *Lo* como cuando es mi <u>cumpleaños.</u>

E. Answer the following questions about clothing. Answer in complete sentences. (5 points)

1. ¿Qué llevas cuando tienes mucho calor en el verano?

2. ¿Qué llevas cuando tienes mucho frío en el invierno?

3. ¿Qué llevas cuando vas al teatro?

4. ¿Qué llevas cuando vas a un concierto de música rock?

5. ¿Qué colores te gustan más?

F. Complete the paragraph by writing the correct form of the verbs in parentheses. (10 points)

Mi hermana **1.** _____ (**empezar**) la escuela mañana. Yo **2.** _____ (**querer**)

comprar un vestido para ella. Ella **3.** _____ (**preferir**) un vestido rojo, pero la

tienda vende vestidos negros. Y no lo **4.** _____ (**encontrar**) en otras tiendas. Ella

5. _____ (**pensar**) que es muy fácil encontrar un vestido bonito, pero no es. El

centro comercial **6.** _____ (**cerrar**) a las ocho, y ahora son las siete y media.

Bueno, mi madre y yo **7.** _____ (**poder**) volver mañana. Y si nosotras

8. _____ (**volver**), **9.** _____ (**almorzar**) con mi tía Lola en mi restaurante favorito.

¡Tal vez ellos **10.** _____ (**servir**) el pastel!

G. You are going to the mall. Answer the following questions by replacing the underlined words with direct object pronouns. Answer in complete sentences using the clues in parentheses. (10 points)

1. ¿Vas a tomar el autobús? (sí)

2. ¿Quieres comprar unas camisas rojas? (no)

3. ¿Necesitas comprar zapatos negros? (sí)

4. ¿Vas a llevar una chaqueta? (no)

5. ¿Tienes dinero? (sí)

H. Answer the following questions about your future plans. Use **ir a** + infinitive. Answer in complete sentences. (5 points)

1. ¿Dónde vas a comer en la noche?

2. ¿Qué van a hacer tus amigos y tú después de la clases?

3. ¿Qué van a servir tus padres para la cena?

4. ¿Qué vas a llevar a la escuela mañana?

5. ¿Qué va a hacer tu mejor amigo el sábado?

Leer

Alicia's family is planning an evening out in downtown Madrid. Read about Alicia's attempts to finish the preparations and then complete activities I and J.

La familia Rodríguez quiere pasar un rato en Madrid. Su hija Alicia va al centro para hacer planes. Piensa comprar entradas para el teatro pero necesita más información. Toma el autobús a la Biblioteca Municipal. Allí encuentra muchas computadoras. Tiene suerte porque puede encontrar la información que necesita. Hay un concierto en el teatro a las 8:00. Ella va a pie a la ventanilla y compra las entradas.

Después va al centro comercial porque quiere comprar un vestido. Encuentra un vestido azul que le gusta y que tiene buen precio. Lo compra y va a un café. Tiene sed y quiere beber un refresco antes de volver a casa.

I. Read the following statements about their conversation and then circle C for **cierto** (true) or F for **falso** (false) on your answer sheet. (6 points)

1. Alicia va al centro.

2. Alicia va a volver a casa antes de ir a la biblioteca.

3. Alicia va al centro comercial.

4. Alicia encuentra información sobre un concierto.

5. Alicia bebe un café.

6. Alicia va a pie al centro.

J. Answer these questions about their conversation. Answer in complete sentences. (4 points)

1. ¿Qué entradas quiere comprar Alicia?

2. ¿A qué lugares va Alicia cuando está en el centro de la ciudad?

Cultura

K. Based on the cultural information in your textbook, identify the missing cultural information. Write the correct word(s) on your answer sheet. (6 points)

1. _____ painted *La persistencia de la memoria*.

2. _____ is a traditional Mayan blouse.

3. _____ is a traditional costume worn by girls during the **Feria de abril.**

4. _____ is one of the oldest markets in Spain.

5. _____ is a Spanish soccer team.

6. _____ made a print of Don Quijote and Sancho Panza.

L. Answer the following questions in complete sentences. (4 points)

1. Why is it winter in Argentina, when it is summer in Spain?

2. What is the weather like in countries near the equator?

Hablar

M. Tell a story using the pictures as a guide. Include the following information:

• where the boys go and how they get there

• what they buy

• what they do after going shopping

• what they eat and how much they pay (15 points)

1.

4.

2.

5.

3.

6.

Escribir

N. Write a paragraph describing your plans for an upcoming weekend. Make sure that you include the following information:

- where you are going to go during the weekend
- what activities you are going to do
- what type of clothing you are going to wear for different activities
- where you are going to eat
- what you are going to eat (15 points)

¡AVANZA! _____ pts. of 100   Nota _____

¡Éxito! You have successfully accomplished all your goals for this unit.

Review: Before moving to the next unit, use your textbook to review:

- ❏ talking about clothes you want to buy **Level 1** p. 194, **Level 1a** p. 218
- ❏ saying what you wear in different seasons **Level 1** p. 195, **Level 1a** p. 220
- ❏ using **tener** expressions **Level 1** p. 198, **Level 1a** p. 223
- ❏ using stem-changing verbs: **e→ie Level 1** p. 199, **Level 1a** p. 224
- ❏ using direct object pronouns **Level 1** p. 204, **Level 1a** p. 230
- ❏ talking about types of transportation **Level 1** p. 218, **Level 1a** p. 246
- ❏ describing places and events in town **Level 1** p. 219, **Level 1a** p. 247
- ❏ using the verb **ver Level 1** p. 220, **Level 1a** p. 249
- ❏ talking about what you are going to do **Level 1** p. 222, **Level 1a** p. 251
- ❏ using **ir a +** infinitive **Level 1** p. 222, **Level 1a** p. 251
- ❏ using stem-changing verbs: **o→ue Level 1** p. 223, **Level 1a** p. 252
- ❏ using stem-changing verbs: **e→i Level 1** p. 228, **Level 1a** p. 258
- ❏ ordering from a menu **Level 1** pp. 218, 228, **Level 1a** pp. 246, 259

Escuchar

A.

1. C   F

_____

2. C   F

_____

3. C   F

_____

4. C   F

_____

5. C   F

_____

You can:
❑ talk about clothes you want to buy
____ pts. of 5

B.

1. _____

2. _____

3. _____

4. _____

5. _____

You can:
❑ order from a menu
❑ describe places and events in town
____ pts. of 5

Vocabulario y gramática

C.

1. _____

2. _____

3. _____

4. _____

5. _____

You can:
❑ order from a menu
____ pts. of 5

D.

1. _____
2. _____
3. _____
4. _____
5. _____

> **You can:**
> ❏ describe places and events in town
> ❏ identify object pronouns
>
> ____ pts. of 5

E.

1. _____
2. _____
3. _____
4. _____
5. _____

> **You can:**
> ❏ talk about what clothes you want to buy
>
> ____ pts. of 5

F.

1. _____
2. _____
3. _____
4. _____
5. _____
6. _____
7. _____
8. _____
9. _____
10. _____

> **You can:**
> ❏ use stem-changing verbs: **e→i**
> ❏ use stem-changing verbs: **o→ue**
>
> ____ pts. of 10

G.

1. _____

_____

2. _____

_____

3. _____

_____

4. _____

_____

5. _____

_____

> **You can:**
> ❑ use direct object pronouns
>
> ____ pts. of 10

H.

1. _____

_____

2. _____

_____

3. _____

_____

4. _____

_____

5. _____

_____

> **You can:**
> ❑ use **ir a** + infinitive
>
> ____ pts. of 5

Leer

I.

1. C F	3. C F	5. C F
2. C F	4. C F	6. C F

> **You can:**
> ❑ describe places and events in town
>
> ____ pts. of 6

J.

1. _____

_____

2. _____

_____

> **You can:**
> ❑ describe places and events in town
>
> ____ pts. of 4

Cultura

K.

1. _____

2. _____

3. _____

4. _____

5. _____

6. _____

> **You can:**
> ❏ make cultural connections
> ____ pts. of 6

L.

1. _____

_____

2. _____

_____

> **You can:**
> ❏ make cultural connections
> ____ pts. of 4

Hablar

M.

> **You can:**
> ❏ talk about types of transportation
> ❏ talk about buying clothes
> ❏ order from a menu ____ pts. of 15

Speaking Criteria	5 Points	3 Points	1 Point
Content	You use detail to describe where the boys are and what they are doing in each picture. You use appropriate vocabulary and tell a logical story.	You give some information about where the boys are and what they are doing in each picture. Most of your vocabulary and story is appropriate and logical.	You give very little information about where the boys are and what they are doing in each picture. You do not use appropriate vocabulary or tell a logical story.
Communication	The teacher understands all of what you are trying to communicate.	The teacher understands most of what you are trying to communicate.	The teacher has difficulty understanding your speech.
Accuracy	You make very few errors in grammar and vocabulary.	You make some errors in grammar and vocabulary.	You make many errors in grammar and vocabulary.

Escribir

N.

_____

_____

_____

_____

_____

_____

_____

_____

_____

_____

_____

_____

_____

_____

_____

_____

You can:
❑ use **ir a** + infinitive
❑ say what you are going to do
❑ talk about clothes you want to buy
❑ order from a menu
____ pts. of 15

Writing Criteria	5 Points	3 Points	1 Point
Content	Your paragraph includes a lot of information about your weekend. You include many details about places, activities, clothing, and food. Your paragraph demonstrates good use of appropriate vocabulary.	Your paragraph includes some information about your weekend. You include some details about places, activities, clothing, and food. Your paragraph demonstrates adequate use of appropriate vocabulary.	Your paragraph includes little information about your weekend. You include very few details about places, activities, clothing, and food. You do not use of appropriate vocabulary.
Communication	All the information in your paragraph can be understood.	Most of the information in your paragraph can be understood.	Most of the information in your paragraph is difficult to understand.
Accuracy	Your paragraph has few mistakes in grammar and vocabulary.	Your paragraph has some mistakes in grammar and vocabulary.	Your paragraph has many mistakes in grammar and vocabulary.

Examen de mitad de año

> **¡AVANZA!** **Goal:** Demonstrate that you have successfully learned to:
>
> - talk about activities
> - tell where you are from
> - say what you like and don't like to do
> - describe yourself and others
> - identify people and things
> - talk about daily schedules
> - ask and tell time
> - say what you have and have to do
> - say what you do and how often you do things
> - describe classes and classroom objects
> - say where things are located
> - say where you are going
> - talk about how you feel
> - talk about foods and beverages
>
> - ask questions
> - say which foods you like and don't like
> - talk about family
> - ask and tell ages
> - express possession
> - give dates
> - make comparisons
> - talk about what clothes you want to buy
> - say what you wear in different seasons
> - describe places and events in town
> - talk about types of transportation
> - say what you are going to do
> - order from a menu

Escuchar

Test CD 1 Tracks 27, 28

A. You will hear five short conversations. Decide where each conversation takes place. Circle the corresponding letter on your answer sheet. (5 points)

1. Están en _____.
   a. el restaurante
   b. la tienda
   c. el cine
   d. la escuela

2. Están en _____.
   a. la cafetería
   b. el restaurante
   c. la tienda
   d. el gimnasio

3. Están en _____.
   a. el gimnasio
   b. el restaurante
   c. la cafetería
   d. el parque

4. Están en _____.
   a. la escuela
   b. la tienda
   c. el teatro
   d. el café

5. Están en _____.
   a. el café
   b. el parque
   c. el concierto
   d. el cine

B. Listen as Andrés and Cristina talk about their classes. Decide which person each of the following statements applies to, and circle the corresponding letter on your answer sheet. (4 points)

1. No estudia mucho para la clase de matemáticas.　　**a.** Andrés　**b.** Cristina

2. Saca buenas notas en la clase de historia.　　**a.** Andrés　**b.** Cristina

3. Siempre hace la tarea.　　**a.** Andrés　**b.** Cristina

4. No le gusta la clase de matemáticas.　　**a.** Andrés　**b.** Cristina

Vocabulario y gramática

C. Read the sentence for each picture that says what different people like to do. Circle the letter of the words that complete each sentence correctly. (4 points)

1.

A mí me gusta _____.
a. hablar por teléfono
b. leer un libro
c. escribir correos electrónicos
d. pasar un rato con los amigos

2.

A Mario le gusta _____.
a. escuchar música
b. tocar la guitarra
c. estudiar
d. andar en patineta

3.

A mis hermanos les gusta _____.
a. comprar
b. comer
c. preparar la comida
d. compartir

4.

A nosotros nos gusta _____.
a. montar en bicicleta
b. correr
c. pasear
d. descansar

D. Look at the following pictures. Circle the letter of the sentence that corresponds to each picture. (3 points)

1.
a. Tengo la clase de ciencias a las ocho y media.
b. Tengo la clase de historia a las ocho y cuarto.

2.
a. Tengo la clase de inglés a las nueve y cuarto.
b. Tengo la clase de español a las diez menos cuarto.

3.
a. Tengo la clase de arte a las once y veinte.
b. Tengo la clase de música a las once menos veinte.

E. Circle the letter of the sentence that tells what these people are going to wear tomorrow, based on the pictures. (4 points)

1.

   a. Yo voy a llevar una camiseta y unos jeans.

   b. Yo voy a llevar una camisa.

3.

   a. Nosotros vamos a llevar unos pantalones cortos.

   b. Nosotros vamos a llevar unos pantalones.

2.

   a. Marta va a llevar unos calcetines.

   b. Marta va a llevar un vestido.

4.

   a. Ustedes van a llevar una chaqueta.

   b. Ustedes van a llevar una blusa.

F. Describe what different people do by completing the sentences with the appropriate present tense form of the conjugated verb. Circle the letter of the correct answer on your answer sheet. (12 points)

1. Ustedes _____ la tarea.
   a. hacen
   b. hacemos

2. Los chicos _____ la pizza.
   a. comparten
   b. comparto

3. Nosotros _____ todas las preguntas.
   a. contestan
   b. contestamos

4. Tú _____ deportes.
   a. practico
   b. practicas

5. Mi hermano _____ la bicicleta.
   a. vende
   b. vendes

6. Carlos _____ en el parque.
   a. pasea
   b. paseas

7. El maestro _____ con los estudiantes.
   a. leo
   b. lee

8. Yo _____ ir al parque.
   a. quiero
   b. quiere

9. Yo _____ muchos libros.
   a. ve
   b. veo

10. Tú _____ comer pizza.
   a. prefieren
   b. prefieres

11. Mi madre _____ la comida.
   a. sirve
   b. sirves

12. Paco y yo _____ el español.
   a. aprendemos
   b. aprendo

G. Complete the following sentences about classes and school by choosing the correct verb. Circle the letter of the correct verb. (7 points)

1. Yo _____ a la escuela en autobús todos los días.
- **a.** voy
- **b.** soy
- **c.** tengo
- **d.** estoy

2. Mi escuela _____ cerca de mi casa.
- **a.** tiene
- **b.** está
- **c.** es
- **d.** va

3. Mis clases _____ divertidas.
- **a.** son
- **b.** van
- **c.** están
- **d.** tienen

4. Nosotros _____ a la cafetería a las doce.
- **a.** estamos
- **b.** tenemos
- **c.** vamos
- **d.** somos

5. Yo _____ muchos exámenes en mis clases.
- **a.** tengo
- **b.** soy
- **c.** voy
- **d.** estoy

6. Muchas veces, los exámenes _____ difíciles.
- **a.** tienen
- **b.** están
- **c.** van
- **d.** son

7. De vez en cuando, yo _____ nervioso para los exámenes.
- **a.** estoy
- **b.** voy
- **c.** tengo
- **d.** soy

H. Circle the letter of the correct direct object pronoun in these sentences. (4 points)

1. ¿Una camisa azul? Yo _____ quiero.
- **a.** la
- **b.** lo

2. ¿Unos libros de ciencias? ¡_____ quiero comprar!
- **a.** Las
- **b.** Los

3. ¿Un reloj rojo? Nosotros _____ preferimos.
- **a.** la
- **b.** lo

4. ¿Unas sillas blancas? Yo _____ tengo.
- **a.** las
- **b.** los

I. Complete the description of family members with the missing Spanish words. Circle the letter of the correct answer on your answer sheet. (5 points)

1. ____ vive en California. (my aunt)
   a. Mi tía   **b.** Mi abuela

2. ____ es mi madre. (her sister)
   a. Su hermana   **b.** Su hijo

3. ____ son mis primos. (her children)
   a. Su hijo   **b.** Sus hijos

4. ____ son de Puerto Rico. (our grandparents)
   a. Sus abuelos   **b.** Nuestros abuelos

5. ¿Cómo es ____? (your family)
   a. mi familia   **b.** tu familia

J. Look at the following pictures and tell what you like. Circle the letter of the correct answer on your answer sheet. (4 points)

1.

Me gustan ____.
a. los huevos   **c.** las sopas
b. las bebidas   **d.** los cereales

3.

Me gusta ____.
a. el jugo   **c.** el yogur
b. el refresco   **d.** la leche

2.

Me gusta ____.
a. el pastel   **c.** el pescado
b. el cereal   **d.** el pan

4.

Me gustan ____.
a. las frutas   **c.** las patatas
b. las verduras   **d.** las manzanas

Leer

The students in Roberto's class are working on a video project. Read Roberto's video script. Then complete activities K and L.

¡Hola! Me llamo Roberto. Soy de Puerto Rico. Yo tengo dieciséis años. A mí me gusta la clase de inglés. Mi familia es muy grande. Mis abuelos viven con nosotros. Mi abuelo Pepe es de Madrid. No me gusta estudiar el sábado. Prefiero jugar al fútbol con mis amigos y con mi hermano Tomás. También me gusta jugar con mi gato y me gusta ir al cine y al café con mi amiga Patty. Siempre quiero comer pizza.

Ella es mi amiga Patty. Ella es de México. Patty tiene quince años. A Patty le gusta la clase de español. Patty vive con su mamá, la Sra. Muñoz. Ella es maestra. Es muy inteligente y trabajadora. Patty tiene un gato que se llama Fideo. El sábado Patty descansa. Ella lee libros y le gusta escribir correos electrónicos. No le gusta mucho la pizza.

K. Read the following statements and decide to whom they apply. Circle the letter of the name on your answer sheet. (5 points)

1. Su mamá es maestra.   **a.** Roberto   **b.** Patty

2. Le gusta la pizza.   **a.** Roberto   **b.** Patty

3. Es de México.   **a.** Roberto   **b.** Patty

4. Tiene una familia muy grande. **a.** Roberto   **b.** Patty

5. Le gusta leer libros.   **a.** Roberto   **b.** Patty

L. Answer the following questions about the reading. Circle the corresponding letter on your answer sheet. (3 points)

1. ¿De dónde es Roberto?
   a. Él es de Madrid.   **b.** Él es de Puerto Rico.

2. ¿Con quién vive Patty?
   a. Vive con su mamá.   **b.** Vive con su hermana.

3. El sábado, ¿qué le gusta hacer a Patty?
   a. Le gusta descansar.   **b.** Le gusta jugar con el gato.

Cultura

M. Circle the letter of the answer that best completes the following information about Latino culture in the United States. (3 points)

1. Calle Ocho is an important street in Miami's _____ community.
   a. Mexican
   b. Spanish
   c. Puerto Rican
   d. Cuban

2. From September 15 to October 15, the United States celebrates _____.
   a. the heroes of the Alamo
   b. Hispanic Heritage Month
   c. Mexican independence
   d. Fiesta San Antonio

3. If a **cascarón** is broken over your head, it is supposed to bring you _____.
   a. good luck
   b. bad luck
   c. money
   d. eternal youth

N. Circle the letter of the answer that best completes the following information about Mexico. (2 points)

1. Chichén Itzá is an ancient _____ city.
   a. Aztec   c. Toltec
   b. Zapotec   d. Mayan

2. The **Piedra del Sol** is an Aztec _____.
   a. house   c. pyramid
   b. calendar   d. museum

O. Circle the letter of the answer that best completes the following information about Puerto Rico. (3 points)

1. El Yunque is a _____.
   a. beach
   b. tropical rain forest
   c. city
   d. town

2. **El coquí** is a small _____.
   a. bird
   b. turtle
   c. frog
   d. fish

3. Viejo San Juan is a _____.
   a. colonial quarter
   b. national park
   c. modern quarter
   d. nature preserve

P. Circle the letter of the answer that best completes the following information about Spain. (2 points)

1. **La Feria de Abril** takes place in _____.
   a. Madrid
   b. Seville
   c. Barcelona
   d. Toledo

2. FC Barcelona is a _____ team.
   a. rugby
   b. soccer
   c. baseball
   d. basketball

Hablar

Q. Describe a friend. Choose one friend that you would like to describe and answer the following questions.

- ¿Cómo se llama tu amigo(a)?
- ¿De dónde es?
- ¿Cómo es?
- ¿Cuántos años tiene?
- ¿Cuándo es su cumpleaños?
- ¿Qué le gusta hacer?
- ¿Qué no le gusta hacer?
- ¿Qué le gusta comer?
- ¿Qué ropa le gusta llevar?
- ¿Qué hace los sábados? (15 points)

Escribir

R. It is the beginning of the school year and your teacher has asked you to write a letter introducing yourself. Tell him or her as much as you can about yourself. Make sure that you include the following information:

- how old you are
- when your birthday is
- what you look like
- what some of your personality traits are
- what classes you like
- what you like to do
- what you like to eat
- what you like to wear
- what you do on Saturdays (15 points)

Midterm Exam

¡AVANZA! _____ pts. of 100   Nota _____

¡**Éxito!** You have successfully accomplished all your goals for these units.

Review: Before moving to the next lesson, use your textbook to review:

- ❏ talking about activities **Level 1** pp. 32–33, **Level 1a** pp. 32–34
- ❏ telling where you are from **Level 1** p. 37, **Level 1a** p. 38
- ❏ saying what you like and don't like to do **Level 1** p. 42, **Level 1a** p. 44
- ❏ describing yourself and others **Level 1** pp. 56–57, **Level 1a** pp. 60–62
- ❏ identifying people and things **Level 1** pp. 56–57, **Level 1a** pp. 60–62
- ❏ talking about daily schedules **Level 1** pp. 86–87, **Level 1a** pp. 94–96
- ❏ asking and telling time **Level 1** p. 86, **Level 1a** p. 95
- ❏ saying what you have and have to do **Level 1** p. 91, **Level 1a** p. 100
- ❏ saying what you do and how often you do things **Level 1** pp. 87, 93, **Level 1a** pp. 94, 103
- ❏ describing classes and classroom objects **Level 1** pp. 110–111, **Level 1a** pp. 122–124
- ❏ talking about how you feel **Level 1** p. 111, **Level 1a** p. 124
- ❏ saying where things are located **Level 1** p. 115, **Level 1a** p. 128
- ❏ saying where you are going **Level 1** p. 120, **Level 1a** p. 134

- ❏ talking about foods and beverages **Level 1** pp. 140–141, **Level 1a** pp. 156–158
- ❏ asking questions **Level 1** p. 140, **Level 1a** p. 157
- ❏ saying which foods you like and don't like **Level 1** p. 145, **Level 1a** p. 162
- ❏ talking about family **Level 1** p. 164, **Level 1a** p. 184
- ❏ asking and telling ages **Level 1** p. 164, **Level 1a** p. 185
- ❏ giving dates **Level 1** p. 165, **Level 1a** p. 185
- ❏ making comparisons **Level 1** p. 174, **Level 1a** p. 196
- ❏ talking about clothes you want to buy **Level 1** p. 194, **Level 1a** p. 218
- ❏ saying what you wear in different seasons **Level 1** p. 195, **Level 1a** p. 220
- ❏ talking about types of transportation **Level 1** p. 218, **Level 1a** p. 246
- ❏ describing places and events in town **Level 1** p. 219, **Level 1a** p. 247
- ❏ talking about what you are going to do **Level 1** p. 222, **Level 1a** p. 251
- ❏ ordering from a menu **Level 1** p. 228, **Level 1a** p. 258

Escuchar

A.

1. a   b   c   d

2. a   b   c   d

3. a   b   c   d

4. a   b   c   d

5. a   b   c   d

You can:
- [ ] describe places and events in town

____ pts. of 5

B.

1. a   b

2. a   b

3. a   b

4. a   b

You can:
- [ ] say what you do and how often you do things
- [ ] describe classes and classroom objects

____ pts. of 4

Vocabulario y gramática

C.

1. a   b   c   d

2. a   b   c   d

3. a   b   c   d

4. a   b   c   d

You can:
- [ ] talk about activities
- [ ] say what you like and don't like to do

____ pts. of 4

D.

1. a   b

2. a   b

3. a   b

You can:
- [ ] ask and tell time
- [ ] describe classes and classroom objects
- [ ] talk about daily schedules

____ pts. of 3

Midterm Exam

E.

1. a   b

2. a   b

3. a   b

4. a   b

<table>
<tr><td>**You can:**</td></tr>
<tr><td>❏ identify people and things</td></tr>
<tr><td>____ pts. of 4</td></tr>
</table>

F.

1. a   b

2. a   b

3. a   b

4. a   b

5. a   b

6. a   b

7. a   b

8. a   b

9. a   b

10. a   b

11. a   b

12. a   b

<table>
<tr><td>**You can:**</td></tr>
<tr><td>❏ say what you do and how often you do things</td></tr>
<tr><td>____ pts. of 12</td></tr>
</table>

G.

1. a   b   c   d

2. a   b   c   d

3. a   b   c   d

4. a   b   c   d

5. a   b   c   d

6. a   b   c   d

7. a   b   c   d

<table>
<tr><td>**You can:**</td></tr>
<tr><td>❏ say what you do and how often you do things</td></tr>
<tr><td>❏ describe classes and classroom objects</td></tr>
<tr><td>❏ say where things are located</td></tr>
<tr><td>❏ say where you are going</td></tr>
<tr><td>❏ talk about how you feel</td></tr>
<tr><td>____ pts. of 7</td></tr>
</table>

H.

1. a   b

2. a   b

3. a   b

4. a   b

<table>
<tr><td>**You can:**</td></tr>
<tr><td>❏ identify people and things</td></tr>
<tr><td>____ pts. of 4</td></tr>
</table>

I.

1. a   b   4. a   b

2. a   b   5. a   b

3. a   b

> **You can:**
> ❑ talk about family
> ❑ express possession
> ____ pts. of 5

J.

1. a   b   c   d   3. a   b   c   d

2. a   b   c   d   4. a   b   c   d

> **You can:**
> ❑ talk about foods and beverages
> ____ pts. of 4

Leer

K.

1. a   b   4. a   b

2. a   b   5. a   b

3. a   b

> **You can:**
> ❑ describe yourself and others
> ❑ tell where you are from
> ❑ talk about family
> ❑ say what you like and don't like to do
> ____ pts. of 5

L.

1. a   b

2. a   b

3. a   b

> **You can:**
> ❑ tell where you are from
> ❑ talk about family
> ❑ say what you like and don't like to do
> ____ pts. of 3

Cultura

M.

1. a   b   c   d

2. a   b   c   d

3. a   b   c   d

> **You can:**
> ❑ make connections with Latinos in the United States
> ____ pts. of 3

N.

1. a   b   c   d

2. a   b   c   d

O.

1. a   b   c   d

2. a   b   c   d

3. a   b   c   d

P.

1. a   b   c   d

2. a   b   c   d

You can:
❏ make connections with Mexico
____ pts. of 2

You can:
❏ make connections with Puerto Rico
____ pts. of 3

You can:
❏ make connections with Spain
____ pts. of 2

Hablar

Q.

You can:
❏ describe yourself and others
❏ talk about activities
❏ talk about foods and beverages
❏ ask and tell ages
❏ give dates   ____ pts. of 15

Speaking Criteria	5 Points	3 Points	1 Point
Content	You provide detailed information about your friend including many details about his or her physical appearance, personality, likes and dislikes, age, birthday, and daily activities.	You provide some information about your friend including some details about his or her physical appearance, personality, likes and dislikes, age, birthday, and daily activities.	You provide very little information about your friend. You do not adequately describe his or her physical appearance, personality, likes and dislikes, age, birthday, and daily activities.
Communication	All the information in your description can be understood.	Most of the information in your description can be understood.	Most of the information in your description is difficult to understand.
Accuracy	Your speech has few mistakes in grammar and vocabulary.	Your speech has some mistakes in grammar and vocabulary.	Your speech has many mistakes in grammar and vocabulary.

Nombre _____ Clase _____ Fecha _____

Escribir

R.

_____

_____

_____

_____

_____

_____

_____

_____

_____

_____

_____

_____

_____

_____

You can:
❑ ask and tell ages
❑ give dates
❑ describe yourself and others
❑ say what you like and don't like to do
❑ describe classes and classroom objects
❑ say which foods you like and don't like
____ pts. of 15

Writing Criteria	5 Points	3 Points	1 Point
Content	You write a detailed description of yourself. You include a lot of information about your appearance, personality, preferences, and activities.	You describe yourself with moderate detail. You include some information about your appearance, personality, preferences, and activities.	Your letter lacks detail. You include very little information about your appearance, personality, preferences, and activities.
Communication	All the information in your letter can be understood.	Most of the information in your letter can be understood.	Most of the information in your letter is difficult to understand.
Accuracy	Your letter has few mistakes in grammar and vocabulary.	Your letter has some mistakes in grammar and vocabulary.	Your letter has many mistakes in grammar and vocabulary.

Examen Lección 1

> ¡AVANZA! **Goal:** Demonstrate that you have successfully learned to:
>
> - describe a house and household items
> - indicate the order of things
> - describe people and locations
> - use **ser** or **estar**
> - use ordinal numbers

Escuchar

Test CD 2 Tracks 1, 2

A. Escucha las respuestas del señor Ortega a una encuesta de teléfono (*telephone survey*). En la hoja de respuestas, contesta cada una de las siguientes preguntas con una oración completa. (4 puntos)

1. ¿Cuántos pisos tiene la casa del señor Ortega?

2. ¿Qué muebles hay en su cuarto?

3. ¿Qué muebles hay en su jardín?

4. ¿Qué muebles hay en la sala de su casa?

B. Escucha cómo Luisa describe su casa. Todas estas oraciones son falsas. Escríbelas de nuevo con la información correcta, según la descripción de Luisa. (5 puntos)

1. Delante de la casa de Luisa hay un jardín.

2. No hay comedor en el primer piso de la casa.

3. Luisa y su hermana tienen una cama, un escritorio y una lámpara en su cuarto.

4. Para mirar la televisión, hay que subir la escalera.

5. El cuarto de sus padres está en el tercer piso.

Vocabulario y gramática

C. Jaime es muy desorganizado. Completa las oraciones con el lugar donde Jaime debe hacer las siguientes actividades. (4 puntos)

1. ¡Jaime! Tienes que preparar el almuerzo en ____.

2. ¡Jaime! Necesitas dormir en ____.

3. ¡Jaime! Tienes que mirar la televisión en ____.

4. ¡Jaime! Necesitas usar ____ para subir al tercer piso.

D. Para cada una de estas cosas escribe el lugar de la casa donde está: la sala, el comedor o el cuarto. (5 puntos)

1. las sillas ____

2. el espejo ____

3. el sofá ____

4. la cama ____

5. la cómoda ____

E. ¿Dónde está el gato de Gabriela? Mira los dibujos y escribe oraciones con una expresión de lugar. (4 puntos)

1.

2.

3.

4.

F. Carla describe la cocina de su apartamento. Completa el párrafo con la forma correcta de **ser** o **estar.** (5 puntos)

La cocina de mi apartamento **1.** ____ azul y amarilla. La cocina **2.** ____ muy bonita. Mi hermana y yo comemos en la cocina. La mesa y las sillas **3.** ____ al lado de la ventana. Hay una alfombra roja en nuestra cocina y el gato siempre **4.** ____ encima de la alfombra. Hoy toda la familia **5.** ____ muy contenta porque mi abuela va a preparar arroz con pollo.

G. Lee el directorio de apartamentos. Después, en la primera oración, escribe el número ordinal correspondiente. Completa la segunda oración con la forma correcta de **ser** o **estar.** (10 puntos)

Nombre	Piso
Lola López	1
Pascual Pérez	2
Lucía Casas	3
Jorge y Elena Rodríguez	4
Javier Vélez	5

1. Lola vive en el ____ piso. Ella nunca ____ en su apartamento porque trabaja mucho.

2. En el ____ piso viven los señores Rodríguez. Ellos siempre ____ muy contentos.

3. En el ____ piso vive la señorita Casas. Ella ____ maestra de inglés.

4. En el ____ piso vive Pascual. Él ____ muy cómico.

5. En el ____ piso vive un chico muy inteligente y muy guapo. ¡ ____ yo, Javier Vélez!

H. Describe a tu mejor amigo(a). Responde a las siguientes preguntas usando **ser** o **estar.** (10 puntos)

1. ¿De dónde es tu mejor amigo(a)?

4. ¿Dónde está ahora?

2. ¿Cómo es?

5. ¿Cómo está hoy?

3. ¿Cómo es su casa o apartamento?

Leer

A Carmen no le gusta el cuarto de su hermana Eugenia. Le va a pedir ayuda al señor Velázquez. Lee la conversación y después completa las actividades I y J.

Carmen: Bienvenido, señor Velázquez. Como usted puede ver, en el primer piso están la sala y la cocina. La cocina es grande y la sala es muy bonita. Ahora vamos a subir la escalera al segundo piso. Allí está el cuarto de mi hermana Eugenia. Pero el cuarto de Eugenia es muy feo y ella quiere un cuarto muy bonito.

Sr. Velázquez: Bueno, vamos al centro comercial para comprar unas cortinas nuevas. A Eugenia le va a gustar el color anaranjado. También necesita una alfombra nueva. La cómoda es muy bonita. Pero es mejor cuando la cómoda y el espejo están lejos de la ventana. En el verano, Eugenia puede ver el jardín.

Carmen: ¡Qué buena idea!

Sr. Velázquez: ¿Y el sillón negro y la lámpara blanca? ¿Los usamos en la sala? En la sala hay un sofá negro.

Carmen: ¡Sí! A Eugenia y a mí nos gusta jugar videojuegos en la sala. ¡Gracias, señor Velázquez!

I. Lee las siguientes oraciones sobre la conversación entre Carmen y el señor Velázquez. Encierra en un círculo la **C** si la oración es cierta o **F** si es falsa. Vuelve a escribir las oraciones falsas con la información correcta. (5 puntos)

1. El cuarto de Eugenia está en el primer piso.

2. El señor Velázquez va a comprar una cómoda y un espejo.

3. La cómoda y el espejo van a estar lejos de la ventana.

4. El sillón negro va a estar en el cuarto.

5. A Eugenia y a Carmen les gusta jugar videojuegos en la sala.

J. Contesta las siguientes preguntas con una oración completa. (6 puntos)

1. ¿Por qué no le gusta a Eugenia su cuarto?

2. ¿Por qué quiere el Sr. Velázquez poner la cómoda y el espejo lejos de la ventana?

3. ¿Por qué quiere Carmen poner el sillón y la lámpara en la sala?

Cultura

K. Explica en inglés la importancia de los siguientes lugares geográficos.
(8 puntos)

1. el ecuador (*the equator*)

2. Mitad del Mundo

3. Tierra del Fuego

4. Cotopaxi

L. Contesta en inglés las siguientes preguntas sobre las casas ecuatorianas. (4 puntos)

1. ¿De qué color son las casas tradicionales?

2. ¿Qué es la casa de Oswaldo Guayasamín hoy?

Hablar

M. Observa las ilustraciones de tres cuartos. Responde a las siguientes preguntas.
(15 puntos)

a.

b.

c.

- ¿Qué cuarto te gusta más? ¿Por qué?
- Identifica los muebles y las cosas en el cuarto que más te gusta.
- ¿Qué cuarto te gusta menos? ¿Por qué?
- Identifica los muebles y las cosas en el cuarto que menos te gusta.
- ¿Cómo es el cuarto ideal?

Escribir

N. Escribe un párrafo sobre tu casa o apartamento ideal. Incluye la siguiente información:

- dónde está tu casa o apartamento ideal
- cuántos cuartos tiene tu casa o apartamento ideal
- qué muebles y otras cosas tienen por lo menos tres de los cuartos de tu casa o apartamento ideal (15 puntos)

¡AVANZA! _____ pts. of 100   Nota _____

¡Éxito! You have successfully accomplished all your goals for this lesson.

Review: Before moving to the next lesson, use your textbook to review:

- ❏ describing a house and household items **Level 1** pp. 248–249, **Level 1b** pp. 42–44
- ❏ indicating the order of things **Level 1** p. 258, **Level 1b** p. 54
- ❏ describing people and locations **Level 1** p. 253, **Level 1b** p. 48
- ❏ using **ser** or **estar Level 1** p. 253, **Level 1b** p. 48
- ❏ using ordinal numbers **Level 1** p. 258, **Level 1b** p. 54

Nombre _____ Clase _____ Fecha _____

Escuchar

A.

1. _____

   _____

2. _____

   _____

3. _____

   _____

4. _____

   _____

You can:
❑ describe a house and household items
____ pts. of 4

B.

1. _____

   _____

2. _____

   _____

3. _____

   _____

4. _____

   _____

5. _____

   _____

You can:
❑ describe a house and household items
____ pts. of 5

Vocabulario y gramática

C.

1. _____

2. _____

3. _____

4. _____

You can:
❑ describe a house and household items
____ pts. of 4

D.

1. _____

2. _____

3. _____

4. _____

5. _____

> **You can:**
> ❑ describe a house
>   and household
>   items
>
> ____ pts. of 5

E.

1. _____
   _____

2. _____
   _____

3. _____
   _____

4. _____
   _____

> **You can:**
> ❑ describe a house
>   and household
>   items
> ❑ describe people and
>   locations
>
> ____ pts. of 4

F.

1. _____

2. _____

3. _____

4. _____

5. _____

> **You can:**
> ❑ use **ser** or **estar**
>
> ____ pts. of 5

G.

1. _____ ; _____

2. _____ ; _____

3. _____ ; _____

4. _____ ; _____

5. _____ ; _____

You can:
- ❏ use ordinal numbers
- ❏ use **ser** or **estar**

____ pts. of 10

H.

1. _____

_____

2. _____

_____

3. _____

_____

4. _____

_____

5. _____

_____

You can:
- ❏ use **ser** or **estar**

____ pts. of 10

Leer

I.

1. C   F

_____

2. C   F

_____

3. C   F

_____

4. C   F

_____

5. C   F

_____

You can:
- ❏ describe a house and household items
- ❏ describe people and locations

____ pts. of 5

J.

1. _____

2. _____

3. _____

You can:

❏ describe a house and household items

____ pts. of 6

Cultura

K.

1. _____
_____

2. _____
_____

3. _____
_____

4. _____
_____

You can:

❏ make cultural and geographical connections to Ecuador and Argentina

____ pts. of 8

L.

1. _____
_____

2. _____
_____

You can:

❏ make cultural connections to Ecuador

____ pts. of 4

Hablar

M.

You can:

❏ describe a house and household items

____ pts. of 15

Speaking Criteria	5 Points	3 Points	1 Point
Content	You use detail to describe the rooms that you like the most and the least. You clearly explain why you have chosen the given rooms.	You use moderate detail to describe the rooms that you like most and least. You give a partial explanation about why you have chosen the given rooms.	You do not describe the rooms that you like most or least. You do not explain why you have chosen the given rooms.
Communication	The teacher understands what you are trying to communicate.	The teacher understands most of what you are trying to communicate.	The teacher has difficulty understanding your speech.
Accuracy	You make very few errors in grammar and vocabulary.	You make some errors in grammar and vocabulary.	You make many errors in grammar and vocabulary.

Nombre _____ Clase _____ Fecha _____

Escribir

N.

_____

_____

_____

_____

_____

_____

_____

_____

_____

_____

_____

_____

_____

_____

_____

_____

You can:
- ❏ describe a house and household items
- ❏ describe people and locations

____ pts. of 15

Writing Criteria	5 Points	3 Points	1 Point
Content	You write about at least three rooms in your ideal house. For each room, you use a variety of vocabulary to describe the furniture and objects that you would have in the room.	You write about at least two rooms in your ideal house. You describe a few objects for each room, but you need to work on the variety of your vocabulary.	You have trouble describing your ideal house. You do not use appropriate vocabulary to describe the rooms and objects in the house.
Communication	The teacher can understand all of your ideas.	The teacher can understand most of your ideas.	The teacher does not understand most of your ideas.
Accuracy	You make very few errors in grammar and vocabulary.	You make some errors in grammar and vocabulary.	You make many errors in grammar and vocabulary.

Examen Lección 2

> **¡AVANZA!** **Goal:** Demonstrate that you have successfully learned to:
>
> • plan a party
> • talk about chores and responsibilities
> • tell someone what to do
> • say what you just did
> • use more irregular verbs
> • use affirmative **tú** commands
> • use **acabar de** + infinitive

Escuchar

Test CD 2 Tracks 3, 4

A. Julia va a dar una fiesta de sorpresa para el cumpleaños de su mamá. Toda la familia va a ayudar. Escucha la conversación y después escribe lo que cada persona va a hacer. Escribe tus respuestas en la hoja de respuestas. (6 puntos)

1. La tía de Julia tiene que _____.

2. El papá de Julia tiene que _____.

3. El abuelo de Julia va a _____.

4. El tío Tomás va a _____.

5. La abuela de Julia va a _____.

6. Julia necesita _____.

B. Hoy es la fiesta de cumpleaños de Patricia. Escucha la conversación y decide si las oraciones son ciertas (**C**) o falsas (**F**). Si la oración es falsa, escríbela correctamente en la hoja de respuestas. (4 puntos)

1. Sesenta amigos van a la fiesta de Patricia.

2. Patricia está muy mal y no puede ir a la fiesta.

3. Van a bailar en la fiesta.

4. David está triste porque no tiene un regalo para Patricia.

Vocabulario y gramática

C. ¿Cuáles son los quehaceres que hay que hacer en casa de Félix? Mira las ilustraciones y escribe qué hay que hacer en cada caso. (5 puntos)

1.

2.

3.

4.

5.

D. Ana describe una fiesta para sus abuelos. Completa las oraciones con la forma correspondiente del verbo entre paréntesis. (10 puntos)

1. Mañana yo _____ una fiesta para mis abuelos. (dar)

2. Mi hermana y yo _____ muchas decoraciones en la sala. (poner)

3. Mi hermano Félix siempre _____ un regalo cómico. (traer)

4. Yo siempre _____ unos globos grandes en el jardín. (poner)

5. Antes de la fiesta yo _____ con mis padres para comprar el regalo de mis abuelos. (salir)

6. Mis padres _____ el regalo con un papel bonito. (envolver)

7. Yo _____ un regalo cómico también. (traer)

8. Yo no _____ a mis abuelos que hay una fiesta porque es una sorpresa. (decir)

9. Mis primos y mis tíos _____ a la fiesta a las dos y media. (venir)

10. Cuando mis abuelos llegan a la fiesta, mi familia y yo _____ «¡Sorpresa!» (decir)

E. Marcos te pregunta si él tiene que hacer los quehaceres. Contéstale cada pregunta sustituyendo la palabra subrayada con el pronombre de objeto directo correspondiente. (10 puntos)

1. ¿Tengo que hacer la cama? Sí, _____ .

2. ¿Tengo que pasar la aspiradora hoy? Sí, _____ .

3. ¿Debo lavar los platos? Sí, _____ .

4. ¿Debo poner el disco compacto en la mesa? Sí, _____ .

5. ¿Debo barrer el suelo del cuarto? Sí, _____ .

F. Tu amiga y tú dan una fiesta. Tu amiga te dice lo que hay que hacer, pero tú y otras personas acaban de hacerlo. Escribe tus respuestas, usando **acabar de +** infinitivo. (8 puntos)

1. Debes envolver los regalos.

2. Tu mamá tiene que cocinar el pollo.

3. Luz y Juana necesitan traer los discos compactos.

4. Ramiro y tú tienen que decorar el pastel.

G. A Beto le gustan mucho las fiestas. Escoge una palabra o frase de la lista y completa las oraciones. (7 puntos)

sorpresa	decoraciones	globos	bailar
abrir	regalo	limpiar	

Cuando voy a una fiesta…

Cuando voy a una fiesta de cumpleaños, me gusta traer un **1.** _____ .

Si hay música en la fiesta, me gusta **2.** _____ .

Después de la fiesta, me gusta ayudar a **3.** _____ la casa.

Cuando doy una fiesta…

Me gustan los secretos. Doy fiestas de **4.** _____ para mis amigos.

Cuando doy una fiesta, me gusta decorar la casa con muchos **5.** _____ y otras

6. _____ . Cuando doy una fiesta, me gusta **7.** _____ la puerta a los invitados.

Leer

Las fiestas de Carlos y de Carla son diferentes. Lee lo que pasa en las fiestas y después contesta las preguntas de las actividades H e I.

La fiesta de Carlos:

Los amigos de Carlos dan una fiesta de sorpresa para Carlos. Todos los invitados dicen «¡sorpresa!» y Carlos recibe un regalo que le gusta mucho: un videojuego. Carlos está muy contento. Su madre le dice: «Ven, Carlos. Vamos a cantar Feliz cumpleaños». En la fiesta de Carlos, todos bailan y comen un pastel muy rico.

La fiesta de Carla:

Es el cumpleaños de Carla, pero Carla no está contenta. Sus amigos acaban de hablar por teléfono y no pueden venir a la fiesta porque nieva mucho. Carla está triste y enojada. Ella sube la escalera y llega a su cuarto. Después, su madre le dice: «Carlaaaa…¡Sal del cuarto! Acabo de escuchar que mañana no va a nevar. Vamos a tener la fiesta mañana con todos tus amigos y toda la familia en la casa de tu tía. ¡Vas a estar muy contenta!»

H. Lee las siguientes oraciones y escribe si cada una es cierta (**C**) o falsa (**F**). Si es falsa, escribe la oración correctamente en la hoja de respuestas. (4 puntos)

1. Carlos recibe un televisor como regalo de cumpleaños.

2. Carla no recibe ningún regalo el día de su cumpleaños.

3. La familia de Carla no viene a su fiesta de cumpleaños.

4. Carlos no tiene una fiesta el día de su cumpleaños porque nieva.

I. Contesta las siguientes preguntas con una oración completa. Escribe tus respuestas en la hoja de respuestas. (6 puntos)

1. ¿Por qué no vienen los amigos de Carla a su fiesta?

2. ¿Cómo está Carla el día de su cumpleaños?

3. ¿Quién está más contento(a) : Carlos o Carla? ¿Por qué?

Cultura

J. Di a qué término cultural se refiere cada definición. (4 puntos)

1. las personas de Quito

2. el festival para celebrar la fundación de Quito en 1534

3. tributos musicales a Quito

4. grupo indígena de Ecuador famoso por sus textiles

K. Contesta en inglés las siguientes preguntas sobre las tradiciones culturales de Ecuador. Escribe tus respuestas en la hoja de respuestas. (6 puntos)

1. ¿Qué construyen (*construct*) y decoran muchos jóvenes durante las Fiestas de Quito?

2. ¿Cuáles son dos de las actividades organizadas durante las Fiestas de Quito?

3. ¿Cuál es uno de los bailes más populares de Ecuador?

Hablar

L. Habla sobre los quehaceres en tu casa. Contesta las siguientes preguntas con oraciones completas. (15 puntos)

- ¿Qué quehaceres tienes que hacer en tu casa?

- ¿Qué quehaceres hacen las otras personas en tu casa?

- ¿Qué quehacer te gusta más? ¿Por qué?

- ¿Cuándo limpian la casa? ¿Qué hay que hacer?

- ¿Qué quehacer te gusta menos? ¿Por qué?

Escribir

M. Tus amigos y tú van a dar una fiesta para todos los estudiantes de la escuela. Escribe un párrafo para explicar todo lo que piensas hacer:

- antes de la fiesta
- en la fiesta
- después de la fiesta (15 puntos)

¡AVANZA!   _____ pts. of 100   Nota _____

¡Éxito! You have successfully accomplished all your goals for this lesson.

Review: Before moving to the next lesson, use your textbook to review:

- ❏ planning a party **Level 1** pp. 272–273, **Level 1b** pp. 70–72
- ❏ talking about chores and responsibilities **Level 1** pp. 272–273, **Level 1b** pp. 70–72
- ❏ telling someone what to do **Level 1** p. 282, **Level 1b** p. 82
- ❏ saying what you just did **Level 1** p. 284, **Level 1b** p. 84
- ❏ using more irregular verbs **Level 1** p. 277, **Level 1b** p. 76
- ❏ using affirmative **tú** commands **Level 1** p. 282, **Level 1b** p. 82
- ❏ using **acabar de** + infinitive **Level 1** p. 284, **Level 1b** p. 84

Escuchar

A.

1. _____

2. _____

3. _____

4. _____

5. _____

6. _____

> **You can:**
> ❏ plan a party
> ❏ talk about chores and responsibilities
> ____ pts. of 6

B.

1. C F

_____

2. C F

_____

3. C F

_____

4. C F

_____

> **You can:**
> ❏ plan a party
> ____ pts. of 4

Vocabulario y gramática

C.

1. _____

_____

2. _____

_____

3. _____

_____

4. _____

_____

5. _____

_____

> **You can:**
> ❏ talk about chores and responsibilities
> ____ pts. of 5

D.

1. _____
2. _____
3. _____
4. _____
5. _____
6. _____
7. _____
8. _____
9. _____
10. _____

> **You can:**
> ❏ use more irregular verbs
>
> ____ pts. of 10

E.

1. _____
2. _____
3. _____
4. _____
5. _____

> **You can:**
> ❏ use affirmative **tú** commands
>
> ____ pts. of 10

F.

1. _____
   _____
2. _____
   _____
3. _____
   _____
4. _____
   _____

> **You can:**
> ❏ use **acabar de** + infinitive
>
> ____ pts. of 8

G.

1. _____

2. _____

3. _____

4. _____

5. _____

6. _____

7. _____

You can:
❏ plan a party
____ pts. of 7

Leer

H.

1. C   F

_____

2. C   F

_____

3. C   F

_____

4. C   F

_____

You can:
❏ plan a party
____ pts. of 4

I.

1. _____

_____

2. _____

_____

3. _____

_____

You can:
❏ plan a party
____ pts. of 6

Cultura

J.

1. _____

2. _____

3. _____

4. _____

You can:
- ❏ make cultural connections with Ecuador

____ pts. of 4

K.

1. _____
_____

2. _____
_____

3. _____
_____

You can:
- ❏ make cultural connections with Ecuador

____ pts. of 6

Hablar

L.

You can:
- ❏ talk about chores and responsibilities   ____ pts. of 15

Speaking Criteria	5 Points	3 Points	1 Point
Content	You use detail to describe the chores that people do in your home. You describe your favorite and least favorite chores and explain why you like/do not like these chores.	You identify the chores that people do in your home. You identify your favorite and least favorite chores, but you do not explain why you have chosen the given chores.	You identify very few chores that people do in your home. You do not identify or explain your favorite and least favorite chores.
Communication	The teacher understands what you are trying to communicate.	The teacher understands most of what you are trying to communicate.	The teacher has difficulty understanding your speech.
Accuracy	You make very few errors in grammar and vocabulary.	You make some errors in grammar and vocabulary.	You make many errors in grammar and vocabulary.

Nombre _____ Clase _____ Fecha _____

Escribir

M.

_____

_____

_____

_____

_____

_____

_____

_____

_____

_____

_____

_____

_____

_____

You can:

❏ plan a party

____ pts. of 15

Writing Criteria	5 Points	3 Points	1 Point
Content	You provide many examples of what you need to do before, during, and after the party.	You provide some examples of what you need to do before, during, and after the party, but you do not describe all three categories.	You do not describe what you need to do before, during, and after the party.
Communication	Your paragraph is organized and easy to follow.	Most of your paragraph is organized and easy to follow.	Your paragraph is disorganized and hard to follow.
Accuracy	Your paragraph has few mistakes in grammar and vocabulary.	Your paragraph has some mistakes in grammar and vocabulary.	Your paragraph has many mistakes in grammar and vocabulary.

Examen Unidad 5

¡AVANZA! **Goal:** Demonstrate that you have successfully learned to:

- describe a house and household items
- indicate the order of things
- describe people and locations
- use **ser** or **estar**
- use ordinal numbers
- plan a party
- talk about chores and responsibilities
- tell someone what to do
- say what you just did
- use more irregular verbs
- use affirmative **tú** commands
- use **acabar de** + infinitive

Escuchar

Test CD 2 Tracks 5, 6

A. Escucha la conversación entre un padre y sus hijos. Después, escribe lo que cada uno de los chicos tiene que hacer. Escribe la información en tu hoja de respuestas. (5 puntos)

1. María

2. Roberto

3. Tomás

4. Paula

5. Fernando

B. Escucha la descripción del nuevo apartamento. Después, contesta las preguntas en oraciones completas. (5 puntos)

1. ¿En qué piso está el apartamento?

2. ¿Qué tiene el comedor?

3. ¿Cuántos cuartos hay?

4. ¿Qué tienen todos los cuartos?

5. ¿Cuántos baños hay?

Vocabulario y gramática

C. Tu amiga Diana acaba de comprar una nueva casa y necesita tu ayuda para organizarla. Indica adónde hay que poner los siguientes artículos.
(5 puntos)

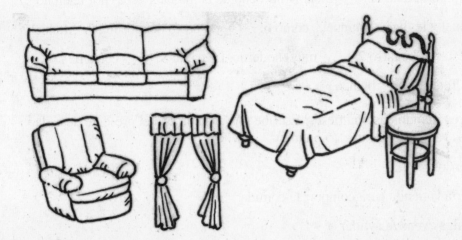

1. Diana, en la sala debes poner _____ y _____.

2. Diana, tienes que poner _____ y _____ en el cuarto.

3. En toda la casa debes poner _____.

D. Hoy vas a hablar con tus cuatro primos y les vas a decir qué tiene que hacer cada uno, según las ilustraciones. Usa los mandatos (*commands*). (8 puntos)

1.

3.

2.

4.

E. Llena los espacios en blanco con la forma correcta de **ser** o **estar**. (9 puntos)

Manuel **1.** _____ mi mejor amigo. Él y su familia **2.** _____ de Quito, Ecuador.

Manuel **3.** _____ muy simpático. Hoy acabo de escuchar que Manuel **4.** _____ en

el hospital porque no **5.** _____ bien. A las ocho de la mañana hablo por teléfono

con Manuel y le digo: «Manuel, ¿cómo **6.** _____ el cuarto del hospital?» Manuel

me contesta: «El cuarto **7.** _____ muy moderno. La cama **8.** _____ cerca de la

ventana. Todo **9.** _____ blanco.»

F. ¿Qué haces cuando das una fiesta? Escribe una oración con el presente de cada
uno de los verbos siguientes. (5 puntos)

1. yo/traer/los regalos

2. yo/salir/a la tienda para comprar la comida

3. mis amigos/venir/a ayudar

4. yo/decir/sorpresa

5. yo/poner/las decoraciones

G. ¿En qué lugar terminan los miembros de la familia Estévez en la carrera *(race)*?
Llena los espacios en blanco con el número ordinal correspondiente. (5 puntos)

	Chicos	Chicas
1	Francisco	Mariana
2	Jorge	Valeria
3	Ángel	Nora
4	Rafael	Sara
5	Fermín	Cristina

1. Francisco tiene el _____ lugar.   **4.** Rafael tiene el _____ lugar.

2. Valeria tiene el _____ lugar.   **5.** Cristina tiene el _____ lugar.

3. Nora tiene el _____ lugar.

H. ¿Qué te gusta más en una fiesta? Escribe las respuestas a las preguntas
siguientes con una oración completa. (8 puntos)

1. ¿Qué te gusta hacer en las fiestas?

2. ¿Prefieres recibir un regalo o dar un regalo?

3. ¿Cómo celebras tu cumpleaños?

4. ¿Qué haces cuando das una fiesta?

Leer

Silvia va a la casa de su amiga Carolina, y describe todo que ve en su casa. Lee la descripción de Silvia, y después contesta las preguntas de las actividades I y J.

Me gusta mucho ir a la casa de mi amiga Carolina. ¡Es una casa fantástica! Cuando llegas, Carolina no abre la puerta; ella pone las dos manos juntas *(claps her hands)*, dice «bienvenido» ¡y la puerta abre!

La casa de Carolina siempre está muy limpia. Cada cuarto de la casa tiene un televisor y los muebles son muy modernos. También, todos en la familia pueden decir:

—Leonardo, ¡saca la basura!

—Leonardo, ¡lava los platos!

¡Y él lo hace! ¿Quién es Leonardo? Es un robot. Él hace todos los quehaceres de la casa y es muy inteligente. En la mañana, Leonardo hace las camas y pasa la aspiradora. En la tarde, Leonardo lava los platos y barre el suelo de la cocina. Pero hay un problema. Hay un miembro de la familia que está muy enojado: el perro de Carolina, Samuel. Leonardo el robot ¡no puede darle de comer a Samuel! Este quehacer lo tiene que hacer Carolina.

I. Lee las siguientes oraciones y di si son ciertas (**C**) o falsas (**F**). Si la oración es falsa, escríbela correctamente. (4 puntos)

1. En la mañana, Leonardo limpia la cocina.

2. Leonardo tiene que darle de comer al perro.

3. En la casa de Carolina no hay televisor.

4. En la mañana, Carolina hace la cama.

J. Contesta las siguientes preguntas con una oración completa. (6 puntos)

1. ¿Cómo es la casa de Carolina?

2. ¿Quién está muy enojado?

3. ¿Cuáles son dos quehaceres importantes que hace Leonardo?

Cultura

K. Identifica los lugares o las cosas que se describen en estas oraciones con la información cultural de la lección. (6 puntos)

1. Cantan esto para celebrar en Quito, Ecuador.

2. El mercado en este pueblo en Ecuador es muy famoso.

3. Es el nombre del monumento que indica el lugar del ecuador.

L. Contesta las preguntas con una oración completa. (4 puntos)

1. ¿Dónde está Ushuaia?

2. ¿Cómo celebran en la ciudad de Quito las Fiestas de Quito?

Hablar

M. Vas a celebrar tu fiesta de cumpleaños. Explica qué vas a hacer, contestando cada una de estas preguntas:

- ¿Cuándo y cómo va a ser la fiesta?
- ¿Qué necesitas hacer para preparar la fiesta?
- ¿Qué actividades vas a tener en la fiesta?
- Después de la fiesta, ¿cómo vas a limpiar tu casa? (15 puntos)

UNIT 5
Unit Test

Escribir

N. Escribe un párrafo sobre la fiesta ideal. Responde a las siguientes preguntas antes de escribir el párrafo.

- ¿Quién da la fiesta? ¿Dónde?
- ¿Qué muebles y decoraciones hay allí?
- ¿Quiénes son los invitados?
- ¿Qué hacen para celebrar? (15 puntos)

¡AVANZA!　_____ pts. of 100　Nota _____

¡Éxito! You have successfully accomplished all your goals for this unit.

Review: Before moving to the next unit, use your textbook to review:

- ❏ describing a house and household items **Level 1** pp. 248–249, **Level 1b** pp. 42–44
- ❏ indicating the order of things **Level 1** p. 258, **Level 1b** p. 54
- ❏ describing people and locations **Level 1** p. 253, **Level 1b** p. 48
- ❏ using **ser** or **estar Level 1** p. 253, **Level 1b** p. 48
- ❏ using ordinal numbers **Level 1** p. 258, **Level 1b** p. 54
- ❏ planning a party **Level 1** pp. 272–273, **Level 1b** pp. 70–72
- ❏ taking about chores and responsibilities **Level 1** pp. 272–273, **Level 1b** pp. 70–72
- ❏ telling someone what to do **Level 1** p. 282, **Level 1b** p. 82
- ❏ saying what you just did **Level 1** p. 284, **Level 1b** p. 84
- ❏ using more irregular verbs **Level 1** p. 277, **Level 1b** p. 76
- ❏ using affirmative **tú** commands **Level 1** p. 282, **Level 1b** p. 82
- ❏ using **acabar de** + infinitive **Level 1** p. 284, **Level 1b** p. 84

Escuchar

A.

1. _____

_____

2. _____

_____

3. _____

_____

4. _____

_____

5. _____

_____

You can:
❑ talk about chores
and responsibilities

____ pts. of 5

B.

1. _____

2. _____

3. _____

4. _____

5. _____

You can:
❑ describe a house
and household
items

____ pts. of 5

Vocabulario y gramática

C.

1. _____

_____

2. _____

_____

3. _____

You can:
❑ describe a house
and household
items

____ pts. of 5

D.

1. _____

   _____

2. _____

   _____

3. _____

   _____

4. _____

   _____

> **You can:**
> ❏ use affirmative **tú** commands
> ❏ talk about chores and responsibilities
>
> ____ pts. of 8

E.

1. _____

2. _____

3. _____

4. _____

5. _____

6. _____

7. _____

8. _____

9. _____

> **You can:**
> ❏ use **ser** or **estar**
>
> ____ pts. of 9

F.

1. _____

   _____

2. _____

   _____

3. _____

   _____

4. _____

   _____

5. _____

   _____

> **You can:**
> ❏ use more irregular verbs
>
> ____ pts. of 5

G.

1. _____
2. _____
3. _____
4. _____
5. _____

You can:
❏ use ordinal numbers
____ pts. of 5

H.

1. _____
   _____
2. _____
   _____
3. _____
   _____
4. _____
   _____

You can:
❏ plan a party
____ pts. of 8

Leer

I.

1. C   F
   _____
2. C   F
   _____
3. C   F
   _____
4. C   F
   _____

You can:
❏ describe a house and household items
❏ talk about chores and responsibilities
____ pts. of 4

J.

1. _____

   _____

2. _____

   _____

3. _____

   _____

> **You can:**
> ❑ describe a house and household items
> ❑ talk about chores and responsibilities
>
> ____ pts. of 6

Cultura

K.

1. _____

2. _____

3. _____

> **You can:**
> ❑ make cultural connections
>
> ____ pts. of 6

L.

1. _____

   _____

2. _____

   _____

> **You can:**
> ❑ make cultural connections
>
> ____ pts. of 4

Hablar

M.

> **You can:**
> ❑ plan a party
> ❑ talk about chores and responsibilities ____ pts. of 15

Speaking Criteria	5 Points	3 Points	1 Point
Content	You use detail to describe what you do before, during, and after the party. You use varied and appropriate vocabulary.	You use moderate detail to describe what you do before, during, and after the party. Your vocabulary is adequate, but you need to work on the variety of vocabulary.	You do not describe what you do before, during, and after the party. You do not use appropriate vocabulary.
Communication	The teacher understands all of what you are trying to communicate.	The teacher understands most of what you are trying to communicate.	The teacher has difficulty understanding your speech.
Accuracy	You make very few errors in grammar and vocabulary.	You make some errors in grammar and vocabulary.	You make many errors in grammar and vocabulary.

Escribir

N.

_____

_____

_____

_____

_____

_____

_____

_____

_____

_____

_____

_____

_____

_____

_____

_____

You can:
❑ plan a party
❑ describe a house and household items
____ pts. of 15

Writing Criteria	5 Points	3 Points	1 Point
Content	Your paragraph includes a lot of information about the ideal party. Your paragraph demonstrates good use of varied vocabulary.	Your paragraph includes some information about the ideal party. Your paragraph demonstrates adequate use of vocabulary.	Your paragraph includes little information about the ideal party. You do not use appropriate vocabulary.
Communication	All the information in your paragraph can be understood.	Most of the information in your paragraph can be understood.	Most of the information in your paragraph is difficult to understand.
Accuracy	Your paragraph has few mistakes in grammar and vocabulary.	Your paragraph has some mistakes in grammar and vocabulary.	Your paragraph has many mistakes in grammar and vocabulary.

Examen Lección 1

¡AVANZA! **Goal:** Demonstrate that you have successfully learned to:

- talk about sports
- talk about whom you know
- talk about what you know
- use the verb **jugar**
- use the verbs **saber** and **conocer**
- use the personal **a**

Escuchar

Test CD 2 Tracks 7, 8

A. Hoy hay una reunión del equipo de béisbol. Escucha al director de deportes y después completa las oraciones en la hoja de respuestas. (4 puntos)

1. El equipo practica de lunes...

2. Cuando practican, los jugadores deben traer...

3. Todos los sábados hay...

4. El equipo va a trabajar mucho para...

B. Escucha la conversación entre Flora y Javier. Luego decide si las oraciones son ciertas (C) o falsas (F). Escribe las oraciones falsas correctamente en la hoja de respuestas. (4 puntos)

1. Javier sabe jugar al tenis.

2. Javier sabe jugar al básquetbol, pero no quiere.

3. Flora va al gimnasio.

4. Javier va a patinar en línea.

Vocabulario y gramática

C. ¿Qué deporte es? Identifica los deportes siguientes. Incluye el artículo definido apropiado. (6 puntos)

1.

2.

3.

4.

5.

6.

D. Completa las oraciones con el vocabulario correspondiente. (7 puntos)

1. Las chicas juegan al fútbol en _____ .

2. Hay once _____ en el equipo.

3. Un equipo gana y otro equipo _____ .

4. Nadamos en _____ .

5. No sé _____ en línea.

6. Mi hermano es _____ . Practica muchos deportes.

7. Me gusta nadar. Mi deporte favorito es _____ .

E. Contesta unas preguntas sobre tu deporte favorito. (10 puntos)

  1. ¿Cuál es es tu deporte favorito?

  2. ¿Dónde lo juegas?

  3. ¿Cuándo lo juegas?

  4. ¿Saben jugarlo tus amigos?

  5. ¿Sabes jugar a otro deporte? ¿Cuál?

F. ¿Quieres saber a qué juegan los amigos de Javier? Escribe el presente del verbo **jugar** en las oraciones siguientes. (5 puntos)

  1. Ana _____ al tenis.

  2. Elena y Pedro _____ al voleibol.

  3. Yo _____ al béisbol.

  4. Nosotros _____ al básquetbol.

  5. ¿Y ustedes? Ustedes _____ al fútbol americano.

G. Llena los espacios en blanco con la forma correcta de los verbos **saber** o **conocer** en el presente. (10 puntos)

  a. —Tú **1.** _____ nadar, ¿no?

   —Sí, yo **2.** _____ nadar. Me gusta mucho. ¿Hay una piscina cerca de aquí?

   —Sí, yo **3.** _____ una piscina muy grande cerca de aquí. Está al lado del

   parque.

  b. —Ustedes **4.** _____ a la campeona de tenis, ¿verdad?

   —Sí, es muy simpática. Ella **5.** _____ a todos los aficionados.

   —Y también ella **6.** _____ jugar al básquetbol muy bien.

  c. —¿ **7.** _____ ustedes dónde está mi guante?

   —Nosotros no **8.** _____ dónde está, pero Luis y Diana **9.** _____ donde puedes

   comprar otro guante.

   —Yo no **10.** _____ qué hacer. Mejor vamos a patinar.

Leer

Lee lo que dice el director de la escuela del equipo de los Rojos de la República Dominicana. Después contesta las preguntas de las secciones H e I.

Martes, 25 de febrero
Habla el director de la escuela a todos los estudiantes:

Son las dos de la tarde y el director de la escuela habla del juego de básquetbol entre el equipo de los Rojos y el equipo de los Verdes. El director dice:

"Estudiantes y aficionados del básquetbol: Todos en nuestra escuela queremos ver ganar al equipo de los Rojos. Los invitamos a todos ustedes a venir a un partido muy importante. ¿Quieren ver a nuestros mejores atletas ganar al equipo de los Verdes? ¿Quieren ver a Mario Cruz, nuestro jugador favorito? ¿Ustedes saben dónde? En la cancha de básquetbol que está al lado de la piscina. ¿Y quién de ustedes no conoce esta cancha? Todos sabemos dónde está. Allí va a ser el partido y allí quiero ver a todos los estudiantes de la escuela. Si nuestro equipo gana el partido, mañana no tienen que venir a la escuela. ¡Va a ser un día divertido!"

H. Completa los espacios en blanco con la información apropiada de la lectura. (4 puntos)

1. El equipo de la escuela se llama _____ .

2. El deporte que van a jugar es _____ .

3. Todos los _____ pueden ir al partido.

4. Los dos equipos son: _____ y _____ .

I. Contesta las preguntas siguientes con una oración completa. (6 puntos)

1. ¿Quién es Mario Cruz?

2. ¿Qué dice el director?

3. ¿Qué no tienen que hacer mañana los estudiantes si el equipo gana el partido?

Cultura

J. Escoge la respuesta correcta para cada una de las oraciones siguientes. Escribe tu respuesta en la hoja de respuestas. (8 puntos)

1. En la República Dominicana, el deporte nacional es _____.
   - **a.** el básquetbol
   - **b.** el béisbol
   - **c.** el fútbol
   - **d.** el tenis

2. La **Serie del Caribe** es en _____.
   - **a.** el verano
   - **b.** el otoño
   - **c.** el invierno
   - **d.** la primavera

3. Los equipos que juegan en la **Serie del Caribe** son de _____.
   - **a.** la República Dominicana
   - **b.** cuatro países en Europa
   - **c.** diez países de Latinoamérica
   - **d.** cuatro países de Latinoamérica

4. La República Dominicana está en _____.
   - **a.** el océano Pacífico
   - **b.** el río Hudson
   - **c.** el mar Caribe
   - **d.** el océano Atlántico

K. Contesta las preguntas siguientes con una oración completa en inglés. (6 puntos)

1. What does **Altar de la Patria** in Santo Domingo commemorate?

2. What inspired the paintings of the Dominican artist Jaime Colson?

3. What does Jaime Colson's painting *Muchacho con cachucha* show about Dominican youth?

Hablar

L. Mira las ilustraciones de algunos deportes. Responde a las siguientes preguntas.
(15 puntos)

- ¿Te gustan los deportes que ves aquí? ¿Por qué?

- ¿Sabes jugar a un deporte? ¿Dónde y cuándo lo practicas?

- ¿Juegas para un equipo? ¿Cómo se llama el equipo?

- ¿Cómo se llama tu equipo favorito? ¿Gana mucho o pierde?

- ¿Quién es tu jugador(a) favorito(a)? ¿Lo (la) conoces?

a.

d.

b.

e.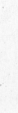

c.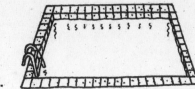

f.

Escribir

M. Escribe un artículo sobre los deportes más populares de tu escuela. Escoge tres deportes y explica dónde y cuándo los estudiantes juegan a estos deportes. Debes mencionar:

- los tres deportes más populares en tu escuela
- si conoces a los jugadores
- cuándo practican los deportes
- dónde los practican (15 puntos)

¡AVANZA! _____ pts. of 100   Nota _____

¡Éxito! You have successfully accomplished all your goals for this lesson.

Review: Before moving to the next lesson, use your textbook to review:

❏ talking about sports **Level 1** pp. 302–303, **Level 1b** pp. 104–106
❏ talking about whom you know **Level 1** p. 312, **Level 1b** p. 116
❏ talking about what you know **Level 1** p. 312, **Level 1b** p. 116
❏ using the verb **jugar Level 1** p. 307, **Level 1b** p. 110
❏ using the verbs **saber** and **conocer Level 1** p. 312, **Level 1b** p. 116
❏ using the personal **a Level 1** p. 313, **Level 1b** 117

Escuchar

A.

1. _____

2. _____

3. _____

4. _____

> **You can:**
> ❑ talk about sports
> ____ pts. of 4

B.

1. C F

_____

2. C F

_____

3. C F

_____

4. C F

_____

> **You can:**
> ❑ talk about sports
> ____ pts. of 4

Vocabulario y gramática

C.

1. _____

2. _____

3. _____

4. _____

5. _____

6. _____

> **You can:**
> ❑ talk about sports
> ____ pts. of 6

D.

1. _____

2. _____

3. _____

4. _____

5. _____

6. _____

7. _____

> **You can:**
> ❏ talk about sports
> ____ pts. of 7

E.

1. _____
   _____

2. _____
   _____

3. _____
   _____

4. _____
   _____

5. _____
   _____

> **You can:**
> ❏ talk about sports
> ____ pts. of 10

F.

1. _____

2. _____

3. _____

4. _____

5. _____

> **You can:**
> ❏ use the verb **jugar**
> ____ pts. of 5

G.

a. 1. _____

2. _____

3. _____

b. 4. _____

5. _____

6. _____

c. 7. _____

8. _____

9. _____

10. _____

You can:
- ❏ use the verbs **saber** and **conocer**

____ pts. of 10

Leer

H.

1. _____

2. _____

3. _____

4. _____

You can:
- ❏ talk about sports

____ pts. of 4

I.

1. _____

_____

2. _____

_____

3. _____

_____

You can:
- ❏ talk about sports

____ pts. of 6

Cultura

J.

1. a b c d

2. a b c d

3. a b c d

4. a b c d

> **You can:**
> ❑ make connections with the Dominican Republic
>
> ____ pts. of 8

K.

1. _____

_____

_____

2. _____

_____

_____

3. _____

_____

> **You can:**
> ❑ make connections with the Dominican Republic
>
> ____ pts. of 6

Hablar

L.

> **You can:**
> ❑ talk about sports
> ❑ talk about what you know
> ❑ talk about whom you know   ____ pts. of 15

Speaking Criteria	5 Points	3 Points	1 Point
Content	You use detail to give your opinion about sports. You say which sports you do or do not play. You identify your favorite professional athletes and teams.	You speak about sports, but you do not include all of the necessary information about your opinions on sports and professional athletes or teams.	You provide little information about sports. You do not describe the sports you like or speak about professional athletes or teams.
Communication	The teacher understands what you are trying to communicate.	The teacher understands most of what you are trying to communicate.	The teacher has difficulty understanding your speech.
Accuracy	You make very few errors in grammar and vocabulary.	You make some errors in grammar and vocabulary.	You make many errors in grammar and vocabulary.

Escribir

M.

_____

_____

_____

_____

_____

_____

_____

_____

_____

_____

_____

_____

_____

_____

_____

_____

_____

You can:
❑ talk about sports
❑ talk about whom you know
____ pts. of 15

Writing Criteria	5 Points	3 Points	1 Point
Content	You use detail to describe three sports that students play in your school. You describe when and where they play these sports.	You describe at least two sports that are played in your school. You include some details about when and where these sports are played.	You describe at least one sport that is played in your school. You do not include sufficient detail about the sports.
Communication	Your article is organized and easy to follow.	Most of your article is organized and easy to follow.	Your article is disorganized and hard to follow.
Accuracy	Your article has few mistakes in grammar and vocabulary.	Your article has some mistakes in grammar and vocabulary.	Your article has many mistakes in grammar and vocabulary.

Examen Lección 2

¡AVANZA! **Goal:** Demonstrate that you have successfully learned to:

- talk about parts of the body
- make excuses
- say what you did
- talk about staying healthy
- use the verb **doler**
- use the preterite of **-ar** verbs
- use the preterite of **-car**, **-gar**, **-zar** verbs

Escuchar

Test CD 2 Tracks 9, 10

A. El profesor les pregunta a los estudiantes que parecen estar enfermos cómo están. Escribe qué le duele a los estudiantes en tu hoja de respuestas. (5 puntos)

1. Guadalupe: _____

2. Felipe: _____

3. Marisa: _____

4. Vicente: _____

5. Juana: _____

B. Escucha las descripciones de Luis y después decide si las oraciones siguientes son ciertas (C) o falsas (F). Si la oración es falsa, escríbela correctamente. (5 puntos)

1. Luis nadó en el mar.

2. Luis buceó con sus amigos.

3. Luis tomó el sol.

4. Los amigos de Luis jugaron al béisbol en la playa.

5. Luis jugó al voleibol.

Vocabulario y gramática

C. Identifica las distintas partes del cuerpo según la imagen. No olvides el artículo definido. (8 puntos)

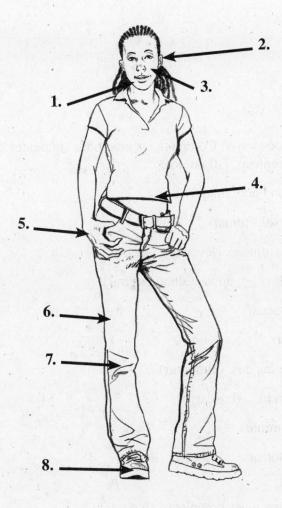

D. David quiere ir a la fiesta, pero está enfermo. Describe qué parte del cuerpo le duele según su actividad. Usa el verbo **doler**. (6 puntos)

1. Mira cuatro películas.

2. Toma mucho sol.

3. Toca la guitarra todos los días.

4. Levanta pesas.

5. Camina para ocho horas.

6. Come muchas galletas.

E. Di qué parte del cuerpo les duele a las personas. Escribe una oración con el verbo **doler**. (10 puntos)

1. Eduardo/el brazo

2. tú/los ojos

3. nosotros/las manos

4. Rebeca y Luisa/la rodilla

5. yo/el tobillo

F. Laura sabe lo que hicieron todos ayer. Completa las oraciones siguientes con el **pretérito** del verbo en paréntesis. (10 puntos)

1. Ayer yo _____ en el mar con Paco. (nadar)

2. Roberto y Susana _____ el sol. (tomar)

3. Marcos _____ pesas en el gimnasio. (levantar)

4. En el centro comercial, ella _____ un vestido. (comprar)

5. Andrés _____ en el mar. (bucear)

6. Tú _____ al voliebol. (jugar)

7. Yo _____ con mis amigos a las dos. (almorzar)

8. Yo _____ un regalo para Andrés. (buscar)

9. Julio _____ en la playa. (caminar)

10. A las cinco de la tarde nosotros _____ a casa. (llegar)

G. Contesta las preguntas con oraciones completas. (6 puntos)

1. ¿Eres sano(a)? ¿Cómo sabes?

2. Si vas a la playa, ¿te gusta más hacer esquí acuático o tomar el sol? ¿Por qué?

3. ¿Es importante la salud? ¿Por qué?

Leer

Dos amigas, Laura y Marina, hablan por teléfono. Hablan de lo que Marina hizo *(did)* ayer. Lee la conversación y después contesta las preguntas de las actividades H, I.

Laura: Marina, ¿qué hiciste ayer en la playa?

Marina: Muchas cosas. Andrés llegó a la playa a las once de la mañana. Tomamos el sol, y a las doce llegó Ricardo.

Laura: Ricardo es muy atlético. Es muy fuerte.

Marina: Sí, yo sé. De las doce y cuarto a las dos ellos nadaron en el mar y bucearon.

Laura: Y tú, ¿que hiciste?

Marina: Yo caminé en la playa.

Laura: ¿Y qué hicieron a las dos de la tarde?

Marina: Llegaron a la playa Rosa y Elena y todos jugaron al voleibol en la cancha. Yo descansé. Llegué a casa a las seis.

Laura: ¿Y por qué no me llamaste anoche?

Marina: Porque . . . tengo la piel muy roja y me duele la cabeza. ¡No usé el bloqueador de sol!

H. Lee las siguientes oraciones y decide si son **ciertas** (C) o **falsas** (F). Si son falsas, escríbelas correctamente en tu hoja de respuestas. (4 puntos)

1. Marina buceó en la playa.

2. Ricardo caminó por la playa.

3. A Elena y a Rosa les duele la cabeza.

4. Ricardo y Marina jugaron al voleibol en la playa.

I. Contesta las preguntas sobre la conversación con oraciones completas. (6 puntos)

1. ¿Es atlética Marina?

2. ¿Qué hicieron Ricardo y Andrés en la playa?

3. ¿Por qué Marina no llamó por teléfono a Laura?

Cultura

J. Decide si las oraciones sobre la música y los deportes de la República Dominicana son ciertas o falsas. Si es falsa, escríbela correctamente. (6 puntos)

1. No puedes hacer muchas actividades en las playas de la República Dominicana.

2. El merengue es un tipo *(type)* de música que es muy popular en la República Dominicana.

3. Félix Sánchez es un atleta muy bueno de Venezuela.

K. Contesta las siguientes preguntas culturales de la República Dominicana. (4 puntos)

1. ¿Qué puedes hacer en el **Festival del Merengue**?

2. ¿Qué pintó *(painted)* Clara Ledesma mucho?

Hablar

L. Piensa en qué hiciste ayer. Contesta las preguntas. (15 puntos)

- ¿Practicaste deportes ayer? ¿Qué deporte? ¿Dónde? ¿Con quién?

- ¿Escuchaste música ayer? ¿Qué escuchaste? ¿Con quién?

- ¿Compraste ropa ayer? ¿Qué compraste? ¿Dónde?

- ¿Miraste la televisión ayer? ¿Qué miraste?

- ¿Almorzaste en la cafetería ayer? ¿Con quién?

Escribir

M. Juan necesita estar más sano. Su amigo Cristóbal quiere ayudarlo, pero Juan piensa que no puede hacer las actividades. Él da muchas excusas para no hacer estas actividades. Finalmente, Juan dice que va a empezar con una de las actividades. Escribe un correo electrónico de Juan a Cristóbal. Di:

- las actividades que no quiere hacer Juan
- las excusas que da
- la actividad que va a hacer Juan (15 points)

¡AVANZA! _____ pts. of 100   Nota _____

¡Éxito! You have successfully accomplished all your goals for this lesson.

Review: Before moving to the next lesson, use your textbook to review:

❏ talking about staying healthy **Level 1** pp. 326–327, **Level 1b** pp. 132–134
❏ talking about parts of the body **Level 1** p. 327, **Level 1b** p. 133
❏ making excuses **Level 1** p. 330, **Level 1b** p. 137
❏ saying what you did **Level 1** p. 331, **Level 1b** p. 138
❏ using the verb **doler Level 1** p. 330, **Level 1b** p. 137
❏ using the preterite of **-ar** verbs **Level 1** p. 331, **Level 1b** p. 138
❏ using the preterite of **-car**, **-gar**, and **-zar** verbs **Level 1** p. 336, **Level 1b** p. 144

Nombre _____ Clase _____ Fecha _____

Escuchar

A.

1. _____

2. _____

3. _____

4. _____

5. _____

> **You can:**
> ❑ use the verb **doler**
> ❑ talk about parts of the body
> ____ pts. of 5

B.

1. C   F

_____

2. C   F

_____

3. C   F

_____

4. C   F

_____

5. C   F

_____

> **You can:**
> ❑ use the preterite of -ar verbs
> ____ pts. of 5

Vocabulario y gramática

C.

1. _____

2. _____

3. _____

4. _____

5. _____

6. _____

7. _____

8. _____

> **You can:**
> ❑ talk about parts of the body
> ____ pts. of 8

D.

1. _____

2. _____

3. _____

4. _____

5. _____

6. _____

> **You can:**
> ❑ make excuses
> ❑ talk about parts of the body
> ❑ use the verb **doler**
> ____ pts. of 6

E.

1. _____
   _____

2. _____
   _____

3. _____
   _____

4. _____
   _____

5. _____
   _____

> **You can:**
> ❑ talk about parts of the body
> ❑ use the verb **doler**
> ____ pts. of 10

F.

1. _____

2. _____

3. _____

4. _____

5. _____

6. _____

7. _____

8. _____

9. _____

10. _____

> **You can:**
> ❑ use the preterite of **-ar** verbs
> ❑ use the preterite of **-car, -gar, -zar** verbs
> ____ pts. of 10

G.

1. _____

   _____

2. _____

   _____

3. _____

   _____

You can:
❏ talk about staying healthy

____ pts. of 6

Leer

H.

1. C   F

   _____

2. C   F

   _____

3. C   F

   _____

4. C   F

   _____

You can:
❏ say what you did

____ pts. of 4

I.

1. _____

   _____

2. _____

   _____

3. _____

   _____

You can:
❏ say what you did

____ pts. of 6

Cultura

J.

1. C   F

   _____

2. C   F

   _____

3. C   F

   _____

> **You can:**
> ❏ make cultural connections with the Dominican Republic
>
> ____ pts. of 6

K.

1. _____

   _____

2. _____

   _____

> **You can:**
> ❏ make cultural connections with the Dominican Republic
>
> ____ pts. of 4

L.

> **You can:**
> ❏ say what you did   ____ pts. of 15

Speaking Criteria	5 Points	3 Points	1 Point
Content	All of your responses to the questions are logical. You demonstrate good use of vocabulary.	Some of your responses are logical. You demonstrate sufficient use of vocabulary.	You provide few logical responses. You demonstrate insufficient use of vocabulary.
Communication	The teacher understands all of what you are trying to communicate.	The teacher understands most of what you are trying to communicate.	The teacher has difficulty understanding your speech.
Accuracy	You make very few errors in grammar and vocabulary.	You make some errors in grammar and vocabulary.	You make many errors in grammar and vocabulary.

Escribir

M.

_____

_____

_____

_____

_____

_____

_____

_____

_____

_____

_____

_____

_____

You can:
❏ talk about staying healthy
❏ make excuses
____ pts. of 15

Writing Criteria	5 Points	3 Points	1 Point
Content	You propose at least four logical activities and make at least three logical excuses. Your e-mail demonstrates good use of appropriate vocabulary.	You propose some logical activities and excuses. You demonstrate moderate use of appropriate vocabulary.	You propose few logical activities or excuses. You demonstrate insufficient use of appropriate vocabulary.
Communication	All the information in your e-mail can be understood.	Most of the information in your e-mail can be understood.	Most of the information in your e-mail is difficult to understand.
Accuracy	Your e-mail has few mistakes in grammar and vocabulary.	Your e-mail has some mistakes in grammar and vocabulary.	Your e-mail has many mistakes in grammar and vocabulary.

Examen Unidad 6

UNIT 6
Unit Test

> ¡AVANZA! **Goal:** Demonstrate that you have successfully learned to:
>
> - talk about sports
> - talk about whom you know
> - talk about what you know
> - talk about staying healthy
> - talk about parts of the body
> - make excuses
> - say what you did
>
> - use the verb **jugar**
> - use the verbs **saber** and **conocer**
> - use the personal **a**
> - use the verb **doler**
> - use the preterite of **-ar** verbs
> - use the preterite of **-car**, **-gar,** and **-zar** verbs

Escuchar

Test CD 2 Tracks 11, 12

A. Verónica y Marta hablan de las actividades que pueden hacer en el gimnasio local. Escucha la conversación de las dos chicas y completa las siguientes oraciones. (5 puntos)

1. Marta no quiere tomar clases de natación porque _____.

2. Marta no quiere jugar al tenis porque _____.

3. Marta dice que patinar en línea es un deporte muy _____.

4. Marta _____ patinar en línea.

5. Marta quiere jugar al _____.

B. Cristina describe sus vacaciones. Contesta las preguntas. (5 puntos)

1. ¿Cuándo llegó Cristina a la casa de sus abuelos?

2. ¿Quiénes encontraron un restaurante bueno?

3. ¿Qué hicieron Cristina y sus primos en la playa?

4. ¿A qué deporte jugó su abuelo?

5. ¿Qué van a hacer mañana Cristina y su familia?

Vocabulario y gramática

C. Lee qué le pasó a cada persona y completa las oraciones siguientes con la parte del cuerpo que les duele. Usa el presente del verbo **doler.** (4 puntos)

1. Natalia Blanco. No llevó el casco cuando montó en bicicleta. A Natalia _____.

2. Pedro y Augusto Campos. No usaron bloqueador de sol. A ellos _____.

3. Francisco Faz. Almorzó tres hamburguesas. A Francisco _____.

4. Marta Prado. Ella tocó la guitarra por diez horas. A Marta _____.

D. ¿Qué deportes y actividades te gustan? Contesta las siguientes preguntas con una oración completa. (10 puntos)

1. ¿Eres atleta o aficionado(a)? ¿Qué deporte te gusta más?

2. ¿Quién es tu atleta favorito(a)? ¿De dónde es?

3. ¿A qué deporte sabes jugar bien?

4. ¿Qué te gusta comprar cuando vas a la tienda de deportes?

5. ¿Qué te gusta hacer cuando vas a la playa o al estadio?

E. Escribe una oración para cada una de las imágenes siguientes. Di lo que cada persona hizo ayer. Usa el pretérito. (5 puntos)

1.

yo

2.

los chicos

3.

mis amigos y yo

4.

tú

5.

mis padres

F. Escribe el pretérito del verbo entre paréntesis. (8 puntos)

Ayer Marta y Ramiro **1.** _____ (almorzar) en el café de los deportes.

Marta: ¿Qué hiciste durante el verano?

Ramiro: En el verano, yo **2.** _____ (practicar) muchos deportes con mis amigos.

Nosotros **3.** _____ (jugar) al básquetbol con un equipo de otra escuela. Ellos

4. _____ (ganar) el primer partido, pero para ganar el segundo partido, nosotros

5. _____ (levantar) pesas y **6.** _____ (nadar). Yo **7.** _____ (trabajar) mucho. Todos

8. _____ (jugar) muy bien y ganamos el partido.

G. Escribe el presente de **saber** o **conocer**. (6 puntos)

Marta: ¿Tú **1.** _____ a qué hora es la fiesta?

Dolores: Si, yo **2.** _____ que la fiesta es a las ocho de la noche.

Marta: Entonces voy a llevar mis zapatos bonitos para bailar.

Dolores: Yo no **3.** _____ bailar.

Marta: Nosotras **4.** _____ a un chico que no **5.** _____ bailar.

Dolores: ¿Quién es?

Marta: Es Alfonso Méndez, el jugador más popular.

Dolores: Pero no lo **6.** _____ .

Marta: No es un atleta. Es el jugador más popular… *de*

   videojuegos.

H. ¿Qué hiciste ayer? Contesta las preguntas con una oración completa. (6 puntos)

1. ¿A qué hora almorzaste ayer?

2. ¿Practicaste un deporte ayer?

3. ¿A qué hora llegaste a casa ayer?

Leer

Lee la historia de Álvaro Torres de la República Dominicana. Después contesta las preguntas de las actividades I, J.

Álvaro Torres patina en línea todos los días. Todos los sábados patina con sus amigos. Él es muy sano y fuerte, le gusta comer comida nutritiva y siempre usa casco para patinar.

Pero ayer Álvaro no llevó su casco. Usó un casco muy pequeño de otra persona. Álvaro patinó mucho con el casco pequeño.

Hoy le duelen la cabeza, las rodillas y los pies. Pero Álvaro está contento porque le gusta patinar mucho.

I. Lee las siguientes oraciones y decide si son **ciertas** o **falsas**. Si la oración es falsa, escríbela correctamente en tu hoja de respuestas. (5 puntos)

1. Álvaro nada todos los días.

2. Álvaro siempre patina con un casco.

3. El casco de otra persona es muy pequeño.

4. Álvaro patinó mucho con el casco pequeño.

5. A Álvaro le duelen las manos.

J. Contesta estas preguntas con oraciones completas. (6 points)

1. ¿Cómo es Álvaro?

2. ¿Qué hace Álvaro todos los sábados?

3. ¿Por qué está contento Álvaro?

Cultura

K. Completa las oraciones siguientes con la información cultural correcta.
(4 puntos)

1. La capital de la República Dominicana es _____.

2. La música que todos conocemos de la República Dominicana es _____.

3. El deporte nacional de la República Dominicana es _____.

4. El nombre del monumento que celebra la independencia de la República
Dominicana es _____.

L. Contesta las siguientes preguntas sobre el béisbol en la República Dominicana.
(6 puntos)

1. ¿Cuáles son los cuatro países de donde vienen los jugadores de la Serie del Caribe?

2. ¿En qué meses juegan al béisbol profesional en la República Dominicana?

Hablar

M. Tu amigo(a) te acaba de invitar a hacer unas actividades. Para cada actividad, inventa una excusa y describe por qué no puedes ir. ¿No sabes qué excusa dar?

- Di qué te duele.
- Di que no tienes las cosas que necesitas para hacer la actividad.
- Di que acabas de hacer la actividad. (15 puntos)

Escribir

N. Escribe un párrafo sobre tres atletas. Pueden ser profesionales o de tu escuela.
Di:

- el deporte que practica cada uno de los atletas
- el nombre de su equipo
- el lugar donde practica
- por qué es buen(a) atleta (15 puntos)

¡AVANZA! _____ pts. of 100   Nota _____

¡Éxito! You have successfully accomplished all your goals for this unit.

Review: Before moving to the next unit, use your textbook to review:

- ❏ talking about sports **Level 1** pp. 302–303, **Level 1b** pp. 104–106
- ❏ talking about whom you know **Level 1** p. 312, **Level 1b** p. 116
- ❏ talking about what you know **Level 1** p. 312, **Level 1b** p. 116
- ❏ talking about staying healthy **Level 1** pp. 326–327, **Level 1b** pp. 132–134
- ❏ talking about parts of the body **Level 1** p. 327, **Level 1b** p. 133
- ❏ making excuses **Level 1** p. 330, **Level 1b** p. 137
- ❏ saying what you did **Level 1** p. 331, **Level 1b** p. 138
- ❏ using the verb **jugar** **Level 1** p. 307, **Level 1b** p. 110
- ❏ using the verbs **saber** and **conocer** **Level 1** p. 312, **Level 1b** p. 116
- ❏ using the personal **a** **Level 1** p. 313, **Level 1b** p. 117
- ❏ using the verb **doler** **Level 1** p. 330, **Level 1b** p. 137
- ❏ using the preterite of **-ar** verbs **Level 1** p. 331, **Level 1b** p. 138
- ❏ using the preterite of **-car, -gar,** and **-zar** verbs **Level 1** p. 336, **Level 1b** p. 144

Escuchar

A.

1. _____

2. _____

3. _____

4. _____

5. _____

> **You can:**
> ❑ talk about sports
> ____ pts. of 5

B.

1. _____
_____

2. _____
_____

3. _____
_____

4. _____
_____

5. _____
_____

> **You can:**
> ❑ say what you did
> ____ pts. of 5

Vocabulario y gramática

C.

1. _____

2. _____

3. _____

4. _____

> **You can:**
> ❑ talk about parts of the body
> ❑ use the verb **doler**
> ____ pts. of 4

UNIT 6 Unit Test

D.

1. _____

_____

2. _____

_____

3. _____

_____

4. _____

_____

5. _____

_____

> **You can:**
> ❏ talk about sports
> ____ pts. of 10

E.

1. _____

_____

2. _____

_____

3. _____

_____

4. _____

_____

5. _____

_____

> **You can:**
> ❏ use the preterite of **-ar** verbs
> ❏ talk about sports
> ____ pts. of 5

F.

1. _____   5. _____

2. _____   6. _____

3. _____   7. _____

4. _____   8. _____

> **You can:**
> ❏ use the preterite of **-ar** verbs
> ❏ use the preterite of **-car, -gar, -zar** verbs
> ____ pts. of 8

G.

1. _____   4. _____

2. _____   5. _____

3. _____   6. _____

> **You can:**
> ❏ use the verbs **saber** and **conocer**
> ____ pts. of 6

H.

1. _____

_____

2. _____

_____

3. _____

_____

You can:
❑ use the preterite of **-car, -gar, -zar** verbs

____ pts. of 6

Leer

I.

1. C   F

_____

2. C   F

_____

3. C   F

_____

4. C   F

_____

5. C   F

_____

You can:
❑ talk about sports

____ pts. of 5

J.

1. _____

_____

2. _____

_____

3. _____

_____

You can:
❑ talk about sports

____ pts. of 6

Cultura

K.

1. _____

2. _____

3. _____

4. _____

You can:
- ❏ make cultural connections with the Dominican Republic

____ pts. of 4

L.

1. _____

_____

2. _____

_____

You can:
- ❏ make cultural connections with the Dominican Republic

____ pts. of 6

Hablar

M.

You can:
- ❏ talk about sports
- ❏ make excuses
- ❏ use the verb **doler**   ____ pts. of 15

Speaking Criteria	5 Points	3 Points	1 Point
Content	You respond to all of the invitations with varied and logical excuses. You show very good use of appropriate vocabulary.	You respond to some of the invitations with varied and logical excuses. You show adequate use of appropriate vocabulary.	You do not respond to the invitations with varied or logical excuses. You do not use appropriate vocabulary.
Communication	The teacher understands all of what you are trying to communicate.	The teacher understands most of what you are trying to communicate.	The teacher has difficulty understanding your speech.
Accuracy	You make very few errors in grammar and vocabulary.	You make some errors in grammar and vocabulary.	You make many errors in grammar and vocabulary.

Escribir

N.

_____

_____

_____

_____

_____

_____

_____

_____

_____

_____

_____

_____

_____

_____

_____

_____

_____

_____

_____

You can:
❑ talk about sports

____ pts. of 15

Writing Criteria	5 Points	3 Points	1 Point
Content	Your paragraph includes a lot of information about three athletes. Your paragraph demonstrates good use of varied vocabulary.	Your paragraph includes some information about three athletes. Your paragraph demonstrates adequate use of vocabulary.	Your paragraph includes very little information about three athletes. You do not use varied vocabulary.
Communication	All the information in your paragraph can be understood.	Most of the information in your paragraph can be understood.	Most of the information in your paragraph is difficult to understand.
Accuracy	Your paragraph has few mistakes in grammar and vocabulary.	Your paragraph has some mistakes in grammar and vocabulary.	Your paragraph has many mistakes in grammar and vocabulary.

Examen Lección 1

> **¡AVANZA!** **Goal:** Demonstrate that you have successfully learned to:
>
> - talk about technology
> - talk about a series of events
> - say what you did
> - talk about indefinite or negative situations
> - use the preterite of regular **-er** and **-ir** verbs
> - use affirmative and negative words

Escuchar

Test CD 2 Tracks 13, 14

A. Escucha el anuncio del Centro de Computadoras. Escribe lo que los estudiantes aprenden al lado de cada día. Escribe tus respuestas en la hoja de respuestas. (5 puntos)

1. lunes _____

2. martes _____

3. miércoles _____

4. jueves _____

5. viernes _____

B. Francisco ayuda a su padre con la computadora. Escucha la conversación y decide si cada una de las oraciones siguientes es cierta (C) o falsa (F). Si es falsa, escríbela correctamente. (5 puntos)

1. El padre quiere mandar un correo electrónico.

2. El padre siempre usa Internet.

3. El padre quiere hacer un sitio Web.

4. Francisco y su padre navegan por Internet.

5. Francisco no sabe nada de Internet.

Vocabulario y gramática

C. Identifica cada una de las partes de la computadora indicadas. Escribe el artículo definido correspondiente. (5 puntos)

1. _____

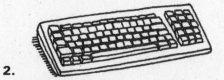

4. _____

2. _____

5. _____

3. _____

D. Lee el correo electrónico. Selecciona un verbo para completar los espacios en blanco y escribe la forma correcta del verbo en el pretérito. (10 puntos)

Hola,

Yo **1.** _____ (recibir / beber) tu correo electrónico ayer. Tú **2.** _____ (correr / escribir) algunas cosas muy interesantes. Yo estoy muy ocupado en la escuela.

Ayer, yo **3.** _____ (comer / salir) de la escuela a las seis de la tarde. Entonces, mis amigos y yo **4.** _____ (correr / recibir) en el gimnasio. Mi amigo Juan es muy atlético y **5.** _____ (escribir / correr) diez kilómetros, pero yo **6.** _____ (correr / beber) cinco kilómetros. Luego, mis amigos y yo **7.** _____ (recibir / comer) en el restaurante al lado del gimnasio. Yo **8.** _____ (salir / comer) y **9.** _____ (beber / compartir) mucho. A las nueve, yo **10.** _____ (volver / escribir) a casa.

Hasta pronto,
Leo

E. Contesta las siguientes preguntas en la forma negativa. Escribe la expresión negativa correspondiente. (10 puntos)

1. ¿Comiste algo después de las clases?

2. ¿Hablaste con alguien por teléfono ayer?

3. ¿Recibiste algún correo electrónico ayer?

4. ¿Saliste con Pedro o con Miguel?

5. ¿Siempre vas al centro comercial después de las clases?

F. Lee los planes de Clara para el fin de semana. Completa las oraciones con la expresión afirmativa correspondiente. (5 puntos)

1. El sábado quiero comprar _____ nuevo.

2. Quiero tomar _____ fotos digitales.

3. También quiero pasar un rato con _____ amigos.

4. El domingo quiero quemar _____ disco compacto.

5. Y para hacer todas las cosas, ¡yo _____ estoy en línea!

G. Contesta las siguientes preguntas personales con una oración completa. (10 puntos)

1. ¿Compartiste algo la semana pasada?

2. ¿Comiste en algún restaurante la semana pasada?

3. ¿Practicaste algún deporte ayer?

4. ¿Recibiste algún regalo el año pasado?

5. ¿A qué hora volviste a casa ayer?

Leer

Mariana y Miguel hablan con la Srta. Cuevas en la radio de su sitio Web en Internet. Lee lo que dicen y luego contesta las actividades H e I.

Srta. Cuevas: ¡Hola chicos! ¿Cómo usan hoy los estudiantes la tecnología?

Mariana: Nosotros tenemos un sitio Web para aprender el español en línea.

Srta. Cuevas: ¿Por Internet? ¡Qué interesante! ¿Qué hacen allí?

Miguel: Tenemos actividades para los estudiantes que aprenden el español.

Mariana: Nuestro sitio Web no es como ningún otro. Primero, mandamos un correo electrónico a los estudiantes de la escuela. Damos la fecha, la hora y la dirección electrónica del sitio. Entonces los chicos conectan al sitio Web. Como nosotros tenemos una cámara digital, mandamos fotos y después todos hablamos en español.

Miguel: Todos los chicos del sitio también usan el mensajero instantáneo para practicar el español. ¡Y no cuesta nada!

Srta. Cuevas: ¡Su sitio Web es muy divertido!

H. Completa lo siguiente con la información del club de Mariana y Miguel. Escribe las respuestas en la hoja de respuestas. (6 puntos)

Las actividades del club de español

1. Primero: Mariana y Miguel mandan _____ .

2. Después: Los estudiantes conectan _____ .

3. Por fin: Los estudiantes _____ .

I. Contesta las siguientes preguntas con una oración completa. (6 puntos)

1. ¿De qué es el sitio Web de Mariana y Miguel?

2. ¿Por qué su sitio Web no es como ningún otro?

Cultura

J. Decide si las oraciones siguientes son ciertas (**C**) o falsas (**F**). Si son falsas, escríbelas correctamente. (4 puntos)

1. **Los gauchos** son hombres que viven en Buenos Aires.

2. **El tango** es un baile popular.

3. Muchas personas van al Mar del Plata en junio.

4. Daniel Kaplan es un artista de Buenos Aires.

K. Escribe las respuestas en la hoja de respuestas. (4 puntos)

1. ¿De qué música viene **el lunfardo**?

2. ¿Cuáles son algunas palabras de **lunfardo**?

Hablar

L. Ayer no saliste de tu casa en todo el día. Habla de qué pasó. Debes usar el pretérito.

- Habla de qué pasó en la mañana, en la tarde y en la noche.
- Usa detalles en tus oraciones.
- Recuerda usar muchos adjetivos en tu descripción.
- Si es posible, usa palabras afirmativas y negativas. (15 puntos)

Escribir

M. ¿Son las computadoras importantes en las escuelas? Escríbele al director o a la directora de tu escuela y di por qué tu escuela necesita más (o menos) computadoras. Escribe:

- las clases que pueden usar la computadora
- por qué necesitan las computadoras en las clases. (15 puntos)

¡AVANZA!   _____ pts. of 100   Nota _____

¡Éxito! You have successfully accomplished all your goals for this lesson.

Review: Before moving to the next lesson, use your textbook to review:

- ❏ talking about technology **Level 1** pp. 356–357, **Level 1b** pp. 166–168
- ❏ talking about a series of events **Level 1** p. 357, **Level 1b** p. 168
- ❏ saying what you did **Level 1** p. 361, **Level 1b** p. 172
- ❏ talking about indefinite or negative situations **Level 1** p. 366, **Level 1b** p. 178
- ❏ using the preterite of regular **-er** and **-ir** verbs **Level 1** p. 361, **Level 1b** p. 172
- ❏ using affirmative and negative words **Level 1** p. 366, **Level 1b** p. 178

Escuchar

A.

1. _____
2. _____
3. _____
4. _____
5. _____

You can:
❑ talk about technology
____ pts. of 5

B.

1. C   F

_____

2. C   F

_____

3. C   F

_____

4. C   F

_____

5. C   F

_____

You can:
❑ talk about technology
❑ talk about a series of events
____ pts. of 5

Vocabulario y gramática

C.

1. _____
2. _____
3. _____
4. _____
5. _____

You can:
❑ talk about technology
____ pts. of 5

D.

1. _____   6. _____

2. _____   7. _____

3. _____   8. _____

4. _____   9. _____

5. _____   10. _____

You can:

❑ use preterite of regular -er and -ir verbs

❑ talk about a series of events

____ pts. of 10

E.

1. _____

_____

2. _____

_____

3. _____

_____

4. _____

_____

5. _____

_____

You can:

❑ use affirmative and negative words

❑ say what you did

____ pts. of 10

F.

1. _____

2. _____

3. _____

4. _____

5. _____

You can:

❑ use affirmative and negative words

❑ talk about a series of events

____ pts. of 5

G.

1. _____

_____

2. _____

_____

3. _____

_____

4. _____

_____

5. _____

_____

You can:

❏ use preterite of regular
-er and **-ir** verbs

❏ talk about a series of
events

❏ say what you did

_____ pts. of 10

Leer

H.

1. _____

2. _____

3. _____

You can:

❏ use preterite of regular
-er and **-ir** verbs

❏ talk about a series of
events

_____ pts. of 6

I.

1. _____

_____

2. _____

_____

You can:

❏ use preterite of regular
-er and **-ir** verbs

❏ talk about a series of
events

_____ pts. of 6

Cultura

J

1. C   F

   _____

2. C   F

   _____

3. C   F

   _____

4. C   F

   _____

You can:
❏ make cultural connections with Argentina
____ pts. of 4

K.

1. _____

   _____

2. _____

   _____

You can:
❏ make cultural connections with Argentina
____ pts. of 4

Hablar

L.

You can:
❏ Talk about a series of events
❏ Say what you did
❏ Use preterite of regular **-er** and **-ir** verbs
❏ Use affirmative and negative words   ____ pts. of 15

Speaking Criteria	5 Points	3 Points	1 Point
Content	Your description includes a lot of information. You use varied vocabulary.	Your description includes a moderate amount of information. You use adequate vocabulary.	Your description includes little information. You do not vary your vocabulary.
Communication	The teacher understands all of what you are trying to communicate.	The teacher understands most of what you are trying to communicate.	The teacher has difficulty understanding your speech.
Accuracy	You make very few errors in grammar and vocabulary.	You make some errors in grammar and vocabulary.	You make many errors in grammar and vocabulary.

Nombre _____ Clase _____ Fecha _____

Escribir

M.

_____

_____

_____

_____

_____

_____

_____

_____

_____

_____

_____

_____

_____

You can:

❑ talk about technology

____ pts. of 15

Writing Criteria	5 Points	3 Points	1 Point
Content	Your letter includes a lot of information about how computers can be used in different classes. Your letter demonstrates good use of appropriate vocabulary.	Your letter includes some information about how computers can be used in different classes. Your letter demonstrates moderate use of appropriate vocabulary.	Your letter includes little information about how computers can be used in different classes. Your letter demonstrates insufficient use of appropriate vocabulary.
Communication	All the information in your letter can be understood.	Most of the information in your letter can be understood.	Most of the information in your letter is difficult to understand.
Accuracy	Your letter has very few mistakes in grammar and vocabulary.	Your letter has some mistakes in grammar and vocabulary.	Your letter has many mistakes in grammar and vocabulary.

Examen Lección 2

¡AVANZA! **Goal:** Demonstrate that you have successfully learned to:

- talk on the phone
- say where you went, how it was, and what you did
- extend invitations
- use ¡**Qué** + adjective!
- use the preterite of **ir, ser,** and **hacer**
- use pronouns after prepositions

Escuchar

Test CD 2 Tracks 15, 16

A. Escucha la llamada de teléfono de Daniel a la casa de su amigo Miguel. Decide si cada una de las oraciones siguientes es **cierta** o **falsa**. Si es falsa, escríbela correctamente. (5 puntos)

1. Miguel está en casa.

2. Miguel fue a la feria.

3. Daniel dice: ¡Qué aburrido!

4. Daniel invita a Miguel a una fiesta.

5. La fiesta es el viernes por la noche.

B. Escucha a Eduardo hablar sobre sus vacaciones. Con las palabras siguientes, describe quién hizo las actividades siguientes en el orden correcto. (5 puntos)

Subir a la montaña rusa	Comer hamburguesas	Subir a la vuelta al mundo
Comprar boletos para el teatro		Ir a los autitos chocadores

Nombre _____ Clase _____ Fecha _____

Vocabulario y gramática

C. Invita a Ricardo a ir a cada uno de los lugares siguientes. Entonces escribe la respuesta de Ricardo de acuerdo a las indicaciones entre paréntesis. (10 puntos)

1.  ¿____?

(Ricardo accepts:) ____

2. ¿____?

(Ricardo declines:) ____

3. 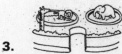 ¿____?

(Ricardo accepts:) ____

4.  ¿____?

(Ricardo declines:) ____

5.  ¿____?

(Ricardo accepts:) ____

D. Contesta las siguientes preguntas con **¡Qué + adjetivo!** Usa un adjetivo diferente en cada respuesta. (5 puntos)

1. ¿Te gustaría subir a la montaña rusa?

2. ¿Te gustaría ir al centro comercial?

3. ¿Te gustaría beber un jugo de manzana?

4. ¿Te gustaría ir al museo?

5. Mira el sombrero verde que compré. ¿Te gusta?

E. Escribe la forma correspondiente del verbo en el pretérito. (10 puntos)

1. Ramón _____ (ir) al parque de diversiones. Primero nosotros _____ (ir) a la montaña rusa.

2. Tú _____ (ir) al cine. Allí viste una película. ¡_____ (ser) buena!

3. Nosotros _____ (ir) al centro comercial. Allí _____ (hacer) muchas cosas.

4. Ustedes _____ (ir) a la playa. Allí _____ (hacer) el esquí acuático.

5. ¿Qué _____ (hacer) tú ayer? Yo _____ (ir) con Paco a la feria.

F. Contesta las preguntas siguientes con el pronombre y preposición correspondientes. (6 puntos)

1. ¿Quieres estudiar conmigo?

   Sí, _____.

2. ¿Quieres ir con nosotros?

   Sí, _____.

3. ¿Puedo ir al parque contigo?

   Sí, _____.

4. ¿Está María al lado de mis hermanas?

   Sí, _____.

5. ¿Compraste el regalo para Juan?

   Sí, _____.

6. ¿Puedo hablar con ustedes?

   Sí, _____.

G. Contesta las preguntas siguientes con oraciones completas. (10 puntos)

1. ¿Cómo fueron tus clases ayer?

2. ¿A qué hora fuiste a la escuela anteayer?

3. ¿Qué hicieron ustedes en la clase de español el lunes pasado?

4. ¿Qué hiciste después de la escuela ayer?

5. ¿Fuiste a un restaurante el sábado pasado?

Leer

Luciana escribió sobre los parques de diversiones y las ferias para su clase de español. Lee lo que escribió y después contesta las actividades I y J.

Me gusta mucho ir al parque de diversiones. Cuando voy de vacaciones con mi familia siempre vamos al parque de diversiones. La vuelta al mundo es mi favorito. De vez en cuando mis hermanos tienen miedo de subir. A ellos les gusta subir a los autitos chocadores. Los autitos chocadores son un poco peligrosos para mí. También me gusta la montaña rusa. A veces voy con mis padres. Ellos nunca tienen miedo.

Después de ir a los parques de diversiones, nos gusta ir a las ferias. Las ferias son los fines de semana. Siempre hay muchas cosas para ver allí. Los juegos son muy divertidos y siempre ganamos cosas interesantes. Me gustaría trabajar algún día en una feria. ¡Qué divertido!

H. Identifica cada una de las oraciones como **cierta** o **falsa.** Si la oración es falsa, escríbela correctamente. (5 puntos)

1. A la familia de Luciana le gustan los parques de diversiones.

2. A los hermanos de Luciana les gusta la vuelta al mundo.

3. Los autitos chocadores no son peligrosos.

4. Lucia y sus padres siempre van a la montaña rusa.

5. Las personas ganan cosas interesantes en las ferias.

I. Contesta las siguientes preguntas con una oración completa. (4 puntos)

1. ¿Qué hace Luciana en los parques de diversiones?

2. ¿Cuándo hay ferias?

Cultura

J. Decide si cada una de las oraciones es cierta (**C**) o (**F**). Si es falsa, escríbela correctamente. (6 puntos)

1. La palabra **porteño** describe a alguien que es de Portugal.

2. Más personas comen bistec en Argentina que en otros países.

3. Asados y parrillas son lugares para comer pollo.

K. Describe los siguientes museos en Argentina y Bolivia. (4 puntos)

1. Describe **el Museo al Aire Libre** in Buenos Aires, Argentina. ¿Por qué no es un museo típico?

2. Describe **el Museo de Instrumentos Musicales**.

Hablar

L. Vas a llamar a tu amiga Claudia por teléfono y vas a conversar con ella.
Completa la conversación:

- Pregunta si Claudia está.
- Pregúntale a Claudia lo que hizo hoy.
- Invita a Claudia a hacer algo contigo.
- Dile a qué hora y en qué lugar. (15 puntos)

Claudia: ¿Aló?

Tú: ____

Claudia: Soy Claudia.

Tú: ____

Claudia: ¿Hoy estudié mucho y mandé un correo electrónico a mi primo.

Tú: ____

Claudia: ¿Sí, me gustaría ir contigo.

Tú: ____

Claudia: ¿Qué día te gustaría ir?

Tú: ____

Escribir

M. Escribe un párrafo en el pretérito sobre adónde fuiste el año pasado. Menciona tres lugares interesantes en tu comunidad. Puedes escribir sobre el cine, un teatro, un museo, el zoológico, la feria, un parque de diversiones o un partido.

- adónde fuiste

- cuándo fuiste

- con quién fuiste

- qué actividades hiciste (15 puntos)

> ¡AVANZA! _____ pts. of 100   Nota _____
>
> **¡Éxito!** You have successfully accomplished all your goals for this lesson.
>
> **Review:** Before moving to the next lesson, use your textbook to review:
>
> - ❏ talking on the phone **Level 1** p. 380, **Level 1b** pp. 194–195
> - ❏ saying where you went, how it was and what you did **Level 1** p. 385, **Level 1b** p. 200
> - ❏ extending invitations **Level 1** p. 380, **Level 1b** pp. 194–195
> - ❏ using ¡**Qué** + adjective! **Level 1** p. 384, **Level 1b** p. 199
> - ❏ using the preterite of **ir, ser,** and **hacer Level 1** p. 385, **Level 1b** p. 200
> - ❏ using pronouns after prepositions **Level 1** p. 390, **Level 1b** p. 206

Escuchar

A.

1. C   F

   _____

2. C   F

   _____

3. C   F

   _____

4. C   F

   _____

5. C   F

   _____

You can:
- ❑ talk on the phone
- ❑ extend invitations

____ pts. of 5

B.

1. _____

   _____

2. _____

   _____

3. _____

   _____

4. _____

   _____

5. _____

   _____

You can:
- ❑ say where you went, how it was, and what you did

____ pts. of 5

Vocabulario y gramática

C.

1. Tú: _____

Ricardo: _____

2. Tú: _____

Ricardo: _____

3. Tú: _____

Ricardo: _____

4. Tú: _____

Ricardo: _____

5. Tú: _____

Ricardo: _____

> **You can:**
> ❏ extend invitations
> ____ pts. of 10

D.

1. _____

2. _____

3. _____

4. _____

5. _____

> **You can:**
> ❏ use ¡**Qué** + adjective!
> ____ pts. of 5

E.

1. _____   _____

2. _____   _____

3. _____   _____

4. _____   _____

5. _____   _____

> **You can:**
> ❏ use the preterite of **ir, ser** and **hacer**
> ____ pts. of 10

F.

1. _____

2. _____

3. _____

4. _____

5. _____

6. _____

> **You can:**
> ❏ use pronouns after prepositions
> ____ pts. of 6

G.

1. _____

_____

2. _____

_____

3. _____

_____

4. _____

_____

5. _____

_____

You can:

❑ use the preterite of **ir, ser** and **hacer**

____ pts. of 10

Leer

H.

1. C F

_____

2. C F

_____

3. C F

_____

4. C F

_____

5. C F

You can:

❑ say where you went, how it was, and what you did

____ pts. of 5

I.

1. _____

_____

2. _____

_____

You can:

❑ say where you went, how it was, and what you did

____ pts. of 4

Cultura

J.

1. C   F

_____

2. C   F

_____

3. C   F

_____

> **You can:**
> ❏ make cultural connections with Argentina
>
> ____ pts. of 6

K.

1. _____

_____

2. _____

_____

> **You can:**
> ❏ make cultural connections with Argentina and Bolivia
>
> ____ pts. of 4

Hablar

L.

> **You can:**
> ❏ talk on the phone
> ❏ extend invitations   ____ pts. of 15

Speaking Criteria	5 Points	3 Points	1 Point
Content	You show good use of vocabulary and expressions as you conduct the phone conversation. You invite Claudia to do something with you and you ask several logical questions.	You show moderate use of vocabulary and expressions as you conduct the phone conversation. You invite Claudia to do something with you and you ask at least one logical question.	You show insufficient use of vocabulary and expressions as you conduct the phone conversation. You do not invite Claudia to do something with you or ask logical questions.
Communication	The phone conversation sounds natural. The teacher understands the entire conversation.	Most of the phone conversation sounds natural. The teacher understands most of what you are trying to communicate.	The phone conversation does not sound natural. The teacher has difficulty understanding your speech.
Accuracy	You make very few errors in grammar and vocabulary.	You make some errors in grammar and vocabulary.	You make many errors in grammar and vocabulary.

Escribir

M.

_____

_____

_____

_____

_____

_____

_____

_____

_____

_____

_____

_____

_____

_____

_____

_____

_____

You can:

❑ say where you went, how it was, and what you did

❑ use the preterite of **ir, ser**, and **hacer**

____ pts. of 15

Writing Criteria	5 Points	3 Points	1 Point
Content	You use detail to describe what you did in three different places. You describe when and with whom you went to these places.	You use moderate detail to describe what you did in three different places. You give some information about when and with whom you went to these places.	You do not describe what you did in three different places. You give insufficient information about when and with whom you went to these places.
Communication	All the information in your paragraph is organized and easy to follow.	Most of the information is organized and easy to follow.	Most of the information in your paragraph is disorganized and hard to follow.
Accuracy	Your paragraph has few mistakes in grammar and vocabulary.	Your paragraph has some mistakes in grammar and vocabulary.	Your paragraph has many mistakes in grammar and vocabulary.

Examen Unidad 7

> **¡AVANZA!** **Goal:** Demonstrate that you have successfully learned to:
>
> • talk about technology
> • talk about a series of events
> • say what you did
> • talk about indefinite or negative situations
> • talk on the phone
> • say where you went, how it was, and what you did
> • extend invitations
> • use the preterite of regular **-er** and **-ir** verbs
> • use affirmative and negative words
> • use **¡Qué** + adjective!
> • use the preterite of **ir, ser,** and **hacer**
> • use pronouns after prepositions

Escuchar

Test CD 2 Tracks 17, 18

A. ¿Qué pasó ayer? Llena los espacios en blanco con la información correcta.
(5 puntos)

1. ¿Dónde pasó Pablo el día? En ____.

2. Pablo usó el mensajero instantáneo con ____.

3. Pablo quemó un disco compacto con las fotos qué tomó en ____.

4. Pablo hizo clic en el ícono para ____.

5. Cuando Pablo llamó a sus primos, él ____.

B. Escucha lo que Leo le pregunta a Sandra. Después, contesta estas preguntas en oraciones completas. (5 puntos)

1. ¿Cómo fue el fin de semana de Sandra?

2. ¿Dónde comieron helado?

3. ¿Dónde tomaron fotos?

4. ¿Adónde fueron el domingo?

5. ¿A qué hora fueron a casa?

Vocabulario y gramática

C. Escribe una oración para cada una de las imágenes siguientes usando el pretérito del verbo **ir**. (10 puntos)

1.

Nancy

3.

yo

5.

mi hermano y yo

2.

Tomás y Rebeca

4.

tú

D. Completa la conversación de teléfono con el vocabulario correspondiente. (6 puntos)

Señora:	¿**1.** ____?
Daniela:	Buenos días. ¿**2.** ____?
Señora:	**3.** ____, María no está.
Daniela:	¿Puedo dejar **4.** ____?
Señora:	Claro que sí. Un momento... María acaba de llegar.
María:	Hola, Daniela, habla María.
Daniela:	María, quiero comprar los boletos para el concierto.
María:	Pero... yo no tengo mucho dinero.
Daniela:	Bueno, **5.** ____.
María:	¡Muchas gracias! Después del concierto vamos a ir al restaurante español.
Daniela:	Mmm... ¡**6.** ____!

E. Di lo que cada una de estas personas hizo la semana pasada. Usa el pretérito de los verbos entre paréntesis. (5 puntos)

1. Ayer, yo ____ una computadora. (vender)

2. Mi hermano y yo ____ en el gimnasio. (correr)

3. Daniel y Benito ____ una cámara digital. (recibir)

4. Yo ____ a casa a las diez. (volver)

5. Ustedes ____ un correo electrónico en la computadora. (escribir)

F. Contesta las preguntas con una oración completa. (10 puntos)

1. ¿Cuánto tiempo estás en línea?

2. ¿Cuál es tu sitio Web favorito?

3. ¿Cuántos correos electrónicos escribiste ayer?

4. ¿Prefieres el mensajero instantáneo o mandar correos electrónicos?

5. ¿Usas la computadora para aprender o practicar el español? ¿Cómo?

G. Escribe la expresión negativa correspondiente a la expresión afirmativa de la pregunta. Escribe tu respuesta con una oración completa. (5 puntos)

1. ¿*Siempre* tomas fotos con la cámara digital?

2. ¿Le escribiste un correo electrónico a *alguien*?

3. ¿Compraste *o* videojuegos *o* películas?

4. ¿Tienes *algún* problema con el teclado?

5. ¿Tú sabes *algo* de lo que pasó?

H. Llena los espacios en blanco con el pronombre o la preposición y el pronombre correspondiente. (5 puntos)

1. —¿Quieres ir al cine conmigo?

   —Sí, me encantaría ir _____.

2. —¿Quieres ir al parque con nosotros?

   —Sí, me encantaría ir con _____.

3. —¿Vas a la fiesta con Alberto?

   —Sí, voy a la fiesta con _____.

4. —¿Vas a trabajar con tus amigos?

   —Sí, voy a trabajar con _____.

5. —¿Puedes escribir tu número de teléfono para mí?

   —Sí, lo escribo para _____.

Leer

Lee el anuncio de este parque de diversiones y el Boleto Mágico. Después contesta las preguntas de las actividades I, J.

El Parque Fantástico presenta…

BOLETO MÁGICO

Ven con tus amigos a comprar el nuevo Boleto Mágico.

Alberto Rodríguez compró su Boleto Mágico el año pasado:

- fue al parque de diversiones todo el año
- subió a la montaña rusa más alta del país
- fue una de las primeras personas en el acuario nuevo
- recibió muchas entradas para conciertos de música rock en invierno y en verano

Él dice: ¡Me gusta mucho el Boleto Mágico!

El precio es trescientos noventa y cinco dólares por año. ¿Te gustaría ir al parque de diversiones todos los días? Entonces, el Boleto Mágico es para ti. ¡Cuesta menos de dos dólares por día!

Parque Fantástico abre a las once de la mañana y cierra a las nueve de la noche, de lunes a domingo. Te vemos en la vuelta al mundo…

I. Después de leer el anuncio, decide si las oraciones siguientes son ciertas o falsas. (5 puntos)

1. El parque de diversiones se llama Boleto Mágico.

2. Puedes ir al museo también.

3. El Boleto Mágico es bueno para las personas a quienes les gusta ir al zoológico.

4. Los conciertos de rock son en otoño.

5. El parque de diversiones abre a las once de la mañana.

J. Contesta las preguntas siguientes con una oración completa. (4 puntos)

1. ¿Qué hizo la persona en el anuncio?

2. ¿Qué actividades te gustan más? ¿Por qué?

Cultura

K. Decide si las oraciones son ciertas o falsas. Si son falsas, escríbelas correctamente. (6 puntos)

1. Muchas personas en Argentina usan una bombilla para beber el mate.

2. Muchas personas van a Mar del Plata durante el invierno.

3. El Parque de la Costa es más grande que todos los parques de diversiones en Sudamérica.

L. Contesta estas preguntas sobre Argentina. (4 puntos)

1. ¿Dónde empezó el **lunfardo**?

2. ¿Cómo es diferente el Museo al Aire Libre?

Hablar

M. Usa las ilustraciónes siguientes para hablar sobre lo que hiciste ayer en la mañana, en la tarde y en la noche. Menciona varias cosas para cada ilustración. (15 puntos)

La mañana:

a.

b.

La tarde:

c.

d.

La noche:

e.

f.

Escribir

N. Escribe una conversación de teléfono con tu mejor amigo(a). Pregúntale a tu amigo(a) qué hizo durante el fin de semana. Invita a tu amigo(a) a hacer ciertas actividades contigo. Escribe una conclusión para la conversación. (15 puntos)

¡AVANZA! _____ pts. of 100   Nota _____

¡Éxito! You have successfully accomplished all your goals for this unit.

Review: Before moving to the next lesson, use your textbook to review:

- ❏ talking about technology **Level 1** pp. 356–357, **Level 1b** pp. 166–168
- ❏ talking about a series of events **Level 1** p. 357, **Level 1b** p. 168
- ❏ saying what you did **Level 1** p. 361, **Level 1b** p. 172
- ❏ talking about indefinite or negative situations **Level 1** p. 366, **Level 1b** p. 178
- ❏ talking on the phone **Level 1** p. 380, **Level 1b** pp. 194–195
- ❏ saying where you went, how it was and what you did **Level 1** p. 385, **Level 1b** p. 200
- ❏ extending invitations **Level 1** p. 380, **Level 1b** pp. 194–195
- ❏ using the preterite of regular **-er** and **-ir** verbs **Level 1** p. 361, **Level 1b** p. 172
- ❏ using affirmative and negative words **Level 1** p. 366, **Level 1b** p. 178
- ❏ using ¡**Qué** + adjective! **Level 1** p. 384, **Level 1b** p. 199
- ❏ using the preterite of **ir, ser,** and **hacer Level 1** p. 385, **Level 1b** p. 200
- ❏ using pronouns after prepositions **Level 1** p. 390, **Level 1b** p. 206

Escuchar

A.

1. _____

2. _____

3. _____

4. _____

5. _____

You can:
- ❑ talk about technology
- ❑ use the preterite of **ir, ser,** and **hacer**

____ pts. of 5

B.

1. _____

2. _____

_____

3. _____

4. _____

5. _____

_____

You can:
- ❑ use the preterite of regular **-er** and **-ir** verbs
- ❑ say where you went, how it was, and what you did
- ❑ use the preterite of **ir, ser,** and **hacer**

____ pts. of 5

Vocabulario y gramática

C.

1. _____

_____

2. _____

_____

3. _____

4. _____

_____

5. _____

_____

You can:
- ❑ use the preterite of **ir, ser,** and **hacer**
- ❑ say where you went, how it was, and what you did

____ pts. of 10

D.

1. _____

2. _____

3. _____

4. _____

5. _____

6. _____

You can:
❏ talk on the phone
❏ use ¡**Qué** + adjective!
____ pts. of 6

E.

1. _____

2. _____

3. _____

4. _____

5. _____

You can:
❏ use the preterite of regular **-er** and **-ir** verbs
____ pts. of 5

F.

1. _____
   _____

2. _____
   _____

3. _____
   _____

4. _____
   _____

5. _____
   _____

You can:
❏ talk about technology
____ pts. of 10

G.

1. _____

   _____

2. _____

   _____

3. _____

   _____

4. _____

   _____

5. _____

   _____

You can:
- ❑ use affirmative and negative words

____ pts. of 5

H.

1. _____

2. _____

3. _____

4. _____

5. _____

You can:
- ❑ use pronouns after prepositions

____ pts. of 5

Leer

I.

1. C F

2. C F

3. C F

4. C F

5. C F

You can:
- ❑ say where you went, how it was, and what you did
- ❑ use the preterite of regular **-er** and **-ir** verbs

____ pts. of 5

J.

1. _____

   _____

2. _____

   _____

You can:
- ❑ say where you went, how it was, and what you did
- ❑ use the preterite of regular **-er** and **-ir** verbs

____ pts. of 4

Cultura

K.

1. C   F

   _____

2. C   F

   _____

3. C   F

   _____

> **You can:**
> ❑ make cultural
>   connections with
>   Argentina
>
> ____ pts. of 6

L.

1. _____

   _____

2. _____

   _____

> **You can:**
> ❑ make cultural
>   connections with
>   Argentina
>
> ____ pts. of 4

Hablar

M.

> **You can:**
> ❑ say what you did
> ❑ say where you went, how it was, and what you did
> ❑ talk about technology   ____ pts. of 15

Speaking Criteria	5 Points	3 Points	1 Point
Content	You give a lot of information about what you did yesterday morning, afternoon, and evening. You add extra information for each picture. You show good use of appropriate vocabulary.	You give some information about what you did yesterday morning, afternoon, and evening. You do not add extra information for each picture. You show adequate use of appropriate vocabulary.	You give very little information about what you did yesterday morning, afternoon, and evening. You do not use appropriate vocabulary.
Communication	The teacher understands all of what you are trying to communicate.	The teacher understands most of what you are trying to communicate.	The teacher has difficulty understanding your speech.
Accuracy	You make very few errors in grammar and vocabulary.	You make some errors in grammar and vocabulary.	You make many errors in grammar and vocabulary.

Escribir

N.

Tú: _____

Tu amigo(a): _____

Tú: _____

Tu amigo(a): _____

Tú: _____

Tu amigo(a): _____

Tú: _____

Tu amigo(a): _____

Tú: _____

Tu amigo(a): _____

Tú: _____

Tu amigo(a): _____

Tú: _____

Tu amigo(a): _____

Tú: _____

Tu amigo(a): _____

Tú: _____

Tu amigo(a): _____

You can:
❑ talk on the phone
❑ extend invitations
❑ say where you went, how it was, and what you did
____ pts. of 15

Writing Criteria	5 Points	3 Points	1 Point
Content	Your dialogue includes a lot of information about your weekend and your friend's weekend. You use varied and appropriate vocabulary for making phone calls and for extending and accepting invitations.	Your dialogue includes some information about your weekend and your friend's weekend. You use adequate vocabulary for making phone calls and for extending and accepting invitations.	Your dialogue includes little information about your weekend or your friend's weekend. You do not use appropriate vocabulary for making phone calls or for extending and accepting invitations.
Communication	All the information in your dialogue can be understood.	Most of the information in your dialogue can be understood.	Most of the information in your dialogue is difficult to understand.
Accuracy	Your dialogue has few mistakes in grammar and vocabulary.	Your dialogue has some mistakes in grammar and vocabulary.	Your dialogue has many mistakes in grammar and vocabulary.

Examen Lección 1

> **¡AVANZA!** **Goal:** Demonstrate that you have successfully learned to:
> - talk about a typical day
> - talk about what you are doing
> - talk about your daily routine while on vacation
> - use reflexive verbs
> - use the present progressive

Escuchar

Test CD 2 Tracks 19, 20

A. Escucha la descripción de Marcos y completa las siguientes oraciones. (5 puntos)

1. ¿A qué hora se despierta Marcos?

2. Marcos se baña en _____ .

3. En la mañana, Marcos se lava _____ .

4. Marcos se pone _____ para ir a la escuela.

5. Marcos va a la escuela a las _____ .

B. Escucha la conversación entre Carlitos y su madre. Decide si las oraciones siguientes son **ciertas** (**C**) o **falsas** (**F**). Si son falsas, escríbelas correctamente en tu hoja de respuestas. (5 puntos)

1. Carlitos usa mucha pasta de dientes.

2. Carlitos se lava la cara con jabón.

3. Carlitos se pone los pantalones azules.

4. Carlitos tiene mucho tiempo en la mañana para jugar sus videojuegos.

5. Carlitos necesita comer el desayuno.

Vocabulario y gramática

C. Identifica cada una de los objetos siguientes en una oración y con el **artículo definido** correspondiente. (5 puntos)

1.

2.

3.

4.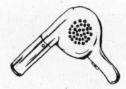

5.

D. ¿Qué hacen primero y que hacen después? Explica el orden lógico en que las personas hacen las siguientes actividades. Escribe la conjugación **del verbo reflexivo** apropiado. (8 puntos)

1. Primero, yo _____ y después _____. (bañarse / secarse)

2. Primero, Raquel _____ y después _____. (ducharse / despertarse)

3. Primero, las chicas _____ y después _____. (maquillarse / lavarse la cara)

4. Primero, nosotros _____ y después _____. (acostarse / cepillarse los dientes)

E. Raquel está muy ocupada y no puede hacer otras actividades. Escribe las respuestas de Raquel con **el presente progresivo** de los verbos entre paréntesis. Atención: algunos verbos *no* son reflexivos. (10 puntos)

1. Raquel, ¿quieres ir a la feria? Ahora no. _____ (vestirse).

2. Raquel, ¿quieres ir al campo? Ahora no. _____ (leer un libro).

3. Raquel, ¿quieres ir al cine? Ahora no. _____ (secarse el pelo).

4. Raquel, ¿quieres nadar con tus amigos? Ahora no. _____ (ponerse el bloqueador de sol).

5. Raquel ¿quieres bucear? Ahora no. _____ (hacer esquí acuático).

F. Escribe oraciones completas para decir qué van a hacer estas personas. Usa la forma reflexiva del verbo cuando sea necesario. (5 puntos)

1. yo / despertar / las seis

2. los chicos / poner / chaqueta

3. mis padres / acostar / mi hermano menor

4. tú / secar / perro

5. ustedes / acostar / temprano

G. Escribe dos oraciones para decir qué está haciendo cada persona. Usa el verbo presente progresivo. En la segunda oración, cambia el lugar del pronombre. (6 puntos)

1. usted (peinarse)

2. nosotras (maquillarse)

3. yo (secarse las manos)

H. Contesta las siguientes preguntas con una oración completa. (6 puntos)

1. Cuando vas de vacaciones, ¿qué haces temprano en la mañana?

2. ¿A qué hora vas a acostarte hoy?

3. ¿Qué estás haciendo en este momento?

Leer

El sueño *(dream)* de Luis es interesante, pero peligroso. Lee por qué, y después contesta las preguntas de las actividades I y J.

> En su sueño, Luis Cuevas es Luis XIV, el rey *(king)* de Francia *(France)*. La rutina del rey es muy interesante:
>
> Luis XIV se despierta a las diez de la mañana. No se lava la cara, ni se afeita, ni se cepilla el pelo. ¿Quién hace todo? Otras personas traen las toallas, el jabón, el cepillo para lavar la cara del rey, para cepillar el pelo del rey. ¡Qué guapo es Luis XIV! Los camareros sirven un desayuno rico.
>
> Normalmente, Luis Cuevas se despierta a las seis de la mañana para ir a la escuela que está en la ciudad. Luis vive lejos de la escuela porque su casa está en el campo. Pero hoy Luis se despertó a las siete de la mañana y ¡va a perder *(to miss)* el tren! Ahora son las siete y cuarto y Luis se está poniendo la chaqueta, se está peinando y se está afeitando… ¡en el tren! Luis piensa: ser el rey en un sueño… ¡Qué peligroso!

I. Indica si son **ciertas** (C) o **falsas** (F) las oraciones siguientes. Si son falsas, escríbelas otra vez. (4 puntos)

1. Luis XIV se levanta a las siete de la mañana.

2. El rey se cepilla el pelo y se viste.

3. Normalmente, Luis Cuevas se despierta a las siete de la mañana.

4. Luis vive y estudia en la ciudad.

J. Contesta las siguientes preguntas con una oración completa. (6 puntos)

1. ¿Por qué es buena la rutina del rey Luis XIV?

2. Explica por qué Luis Cuevas va a llegar tarde hoy a la escuela.

3. ¿Qué está haciendo Luis en el tren?

Cultura

Pre-AP Assessment

K. Completa las siguientes oraciones sobre Costa Rica. En la hoja de respuestas, encierra en un círculo la letra que corresponde a la respuesta correcta. (6 puntos)

1. Costa Rica comparte fronteras con _____.
   a. El Salvador y Nicaragua   **b.** Nicaragua y Panamá   **c.** Panamá y El Salvador

2. El Arenal es _____.
   a. un lago   **b.** un volcán   **c.** una cascada

3. Sarchí es famoso por _____.
   a. las aguas termales   **b.** los volcanes   **c.** las carretas

4. El casado es _____ de Costa Rica.
   a. la moneda   **b.** otro idioma   **c.** una comida típica

5. Manuel de la Cruz González pintó escenas _____ de Costa Rica.
   a. del campo   **b.** de las ciudades   **c.** de las playas

6. La región de la Meseta Central de Costa Rica _____.
   a. es muy fértil   **b.** es un desierto   **c.** tiene aguas termales

L. Contesta las siguientes preguntas sobre los mercados en Costa Rica. (4 puntos)

1. ¿Qué hacen las personas en los mercados de Costa Rica para pagar menos dinero?

2. ¿Qué cosas puedes encontrar en el Mercado Central de San José?

Hablar

M. Habla sobre tu rutina diaria. Usa el presente del progresivo para decir qué estás haciendo en un momento específico. Si quieres, puedes describir tu rutina seleccionando una de estas tres situaciones:

- la rutina durante la semana
- la rutina durante el fin de semana
- la rutina durante las vacaciones (15 puntos)

Escribir

N. Escribe un párrafo sobre la rutina diaria de una persona famosa usando verbos reflexivos. Puedes escoger un actor, un músico, un artista, un atleta o una persona imaginaria. Di:

- qué hace la persona cuando se despierta
- qué hace la persona durante el día
- qué hace la persona antes de acostarse (15 puntos)

¡AVANZA! ____ pts. of 100   Nota _____

¡Éxito! You have successfully accomplished all your goals for this lesson.

Review: Before moving to the next lesson, use your textbook to review:

- ❏ talking about a typical day **Level 1** pp. 410–411, **Level 1b** pp. 228–230
- ❏ talking about what you are doing **Level 1** pp. 410–411, **Level 1b** pp. 228–230
- ❏ talking about your daily routine while on vacation **Level 1** pp. 410–411, **Level 1b** pp. 228–230
- ❏ using reflexive verbs **Level 1** p. 415, **Level 1b** p. 234
- ❏ using the present progressive **Level 1** p. 420, **Level 1b** p. 240

Escuchar

A.

1. _____

2. _____

3. _____

4. _____

5. _____

> **You can:**
> ❏ talk about a typical day
> ____ pts. of 5

B.

1. C   F

_____

2. C   F

_____

3. C   F

_____

4. C   F

_____

5. C   F

_____

> **You can:**
> ❏ talk about a typical day
> ____ pts. of 5

Vocabulario y gramática

C.

1. _____

_____

2. _____

_____

3. _____

_____

4. _____

_____

5. _____

_____

> **You can:**
> ❏ talk about a typical day
> ____ pts. of 5

D.

1. _____   _____

2. _____   _____

3. _____   _____

4. _____   _____

> **You can:**
> ❏ talk about a typical day
> ❏ use reflexive verbs
>
> ____ pts. of 8

E.

1. _____

   _____

2. _____

   _____

3. _____

   _____

4. _____

   _____

5. _____

   _____

> **You can:**
> ❏ use reflexive verbs
>
> ____ pts. of 10

F.

1. _____

   _____

2. _____

   _____

3. _____

   _____

4. _____

   _____

5. _____

   _____

> **You can:**
> ❏ use reflexive verbs
> ❏ talk about your daily routine while on vacation
>
> ____ pts. of 5

G.

1. _____

_____

2. _____

_____

3. _____

_____

> **You can:**
> ❑ use the present progressive
>
> ____ pts. of 6

H.

1. _____

_____

2. _____

_____

3. _____

_____

> **You can:**
> ❑ talk about your daily routine while on vacation
>
> ____ pts. of 6

Leer

I.

1. C   F

_____

2. C   F

_____

3. C   F

_____

4. C   F

_____

> **You can:**
> ❑ talk about a typical day
>
> ____ pts. of 4

J.

1. _____

2. _____

3. _____

> **You can:**
> ❑ talk about a typical day
>
> ____ pts. of 6

Cultura

K.

1. a b c   4. a b c

2. a b c   5. a b c

3. a b c   6. a b c

> **You can:**
> ❑ make cultural connections with Costa Rica
>
> ____ pts. of 6

L.

1. _____

2. _____

> **You can:**
> ❑ make cultural connections with Costa Rica
>
> ____ pts. of 4

Hablar

M.

> **You can:**
> ❑ talk about a typical day   ____ pts. of 15

Speaking Criteria	5 Points	3 Points	1 Point
Content	You include a lot of information in your description of your daily routine. You provide detailed answers to your teacher's questions.	You include a moderate amount of information in your description of your daily routine. You provide basic answers to your teacher's questions.	You include very little information in your description of your daily routine. You provide insufficient answers to your teacher's questions.
Communication	Your teacher understands the entire conversation.	Your teacher understands most of what you are trying to communicate.	Your teacher has difficulty understanding your speech.
Accuracy	You make very few errors in grammar and vocabulary.	You make some errors in grammar and vocabulary.	You make many errors in grammar and vocabulary.

Nombre _____ Clase _____ Fecha _____

Escribir

N.

You can:
- ❏ talk about a typical day
- ❏ use reflexive verbs

____ pts. of 15

_____

_____

_____

_____

_____

_____

_____

_____

_____

_____

_____

_____

_____

_____

_____

_____

Writing Criteria	5 Points	3 Points	1 Point
Content	You use detail to describe what a celebrity does in the morning, afternoon, and evening. You use many reflexive verbs.	You use moderate detail to describe what a celebrity does in the morning, afternoon, and evening. You use some reflexive verbs.	You do not describe what a celebrity does in the morning, afternoon, and evening. You use very few reflexive verbs.
Communication	All the information in your paragraph is organized and easy to follow.	Most of the information is organized and easy to follow.	Most of the information in your paragraph is disorganized and hard to follow.
Accuracy	Your paragraph has few mistakes in grammar and vocabulary.	Your paragraph has some mistakes in grammar and vocabulary.	Your paragraph has many mistakes in grammar and vocabulary.

Examen Lección 2

> ¡AVANZA! **Goal:** Demonstrate that you have successfully learned to:
>
> - talk about buying souvenirs on vacation
> - talk about vacation activities
> - use indirect object pronouns
> - use demonstrative adjectives

Escuchar

Test CD 2 Tracks 21, 22

A. Escucha la descripción de dos vacaciones. Compáralas y contesta las siguientes preguntas. (5 puntos)

1. En el primer viaje, ¿dónde vas a dormir?

2. ¿Dónde vas a comer en el segundo viaje?

3. Si te gustan las caminatas, ¿qué vacaciones quieres?

4. ¿Qué viaje prefieres si quieres aprender un deporte?

5. Si no tienes coche, ¿qué viaje quieres?

B. Sara va de compras al mercado público. Escucha la conversación de Sara con el vendedor. Decide si las oraciones a continuación son **ciertas** o **falsas**. Si la oración es **falsa**, escríbela correctamente en tu hoja de respuestas. (5 puntos)

1. Sara quiere comprar unas joyas.

2. Sara regatea con la señora.

3. Sara piensa que las joyas son muy baratas.

4. Sara paga cincuenta dólares por todo.

5. Sara compra unos aretes de oro y un anillo.

Vocabulario y gramática

C. Lee las oraciones siguientes e identifica qué actividades están haciendo las siguientes personas. (4 puntos)

1. Veo a unos chicos en el parque. Están cocinando.

2. Veo a Carlos practicando un deporte en el mar. También puede hacer el deporte en la nieve.

3. Veo a Carlitos y a Carlota con un caballo.

4. Veo a la Sra. Pérez en el mercado. Ella quiere pagar menos dinero por lo que compra.

D. De vacaciones en Costa Rica, Julio visita muchas tiendas. Escribe una oración sobre cada regalo que Julio compró. Usa el artículo indefinido. (8 puntos)

 1.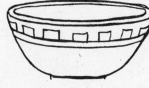

3.

2.

4.

E. Escribe una pregunta para cada una de las siguientes respuestas que te da Mariela. (8 puntos)

1. Joyas y cerámicas.

2. Prefiero los artículos que no son demasiado caros.

3. El oro.

4. ¿Joyas? ¡Sí!

F. Lee el diálogo entre Andrés y su madre con la forma correspondiente del verbo y con el complemento de objeto indirecto. (8 puntos)

Andrés: Mamá, ¿**1.** ____ (comprar) algo?

Madre: Sí, **2.** ____ (comprar) unas joyas.

Andrés: ¿Qué **3.** ____ (tener) a mis hermanos?

Madre: A tu hermano Daniel **4.** ____ (tener) ropa y a tu hermano

Andrés **5.** ____ (comprar) libros. Tengo una pregunta para

ti. ¿Qué **6.** ____ (comprar) a tu padre y a mí?

Andrés: No **7.** ____ (tener) nada. No tengo dinero. Mamá,

¿**8.** ____ (dar) dinero por favor? Quiero comprarles

algo muy bonito.

G. Escribe una oración para decir qué vas a comprar para cada persona. Usa el pronombre complemento de objeto indirecto. (8 puntos)

1. tu maestro(a) de español

2. tus primos

3. tu mejor amigo(a)

4. tú

H. Escribe la forma correcta de los adjetivos **este(a)**, **ese(a)** y **aquel(la)** de acuerdo con la posición de la letra **"X"** y las imágenes siguientes. (4 puntos)

1. ____ casa es grande.   **X**

2. ____ libro cuesta veinte mil colones.   **X**

3. ____ chicos estan acampando.   **X**

4. ____ joyas son de oro.   **X**

Leer

Lee la conversación entre Penélope y su maestro de inglés, el señor Ross. Después contesta
las preguntas de las actividades I, J.

Penélope: Tengo que contestar la primera pregunta de este examen,

¿verdad?

Sr. Ross: Sí, Penélope. La tienes que contestar.

Penélope: ¿Tengo que contestar la segunda pregunta? No sé cómo

decir parrillada en inglés. Usted sabe, yo nunca hablo

inglés….

Sr. Ross: Penélope, vuelve a tu silla y completa el examen.

Penélope: ¿Y si le digo mi problema con el inglés?

Sr. Ross: El problema que tienes es que no estudiaste la lección.

Penélope: Sí.

Sr. Ross: Te voy a decir algo muy importante: Para aprender debes

estudiar. Entonces tú sí vas a aprender el inglés.

I. Escribe si las oraciones siguientes son **ciertas** (C) o **falsas** (F). Si la oración es
falsa, escríbela correctamente en tu hoja de respuestas. (4 puntos)

1. Penélope no sabe cómo se dice parrillada en inglés.

2. Penélope contestó la primera pregunta del examen.

3. Penélope quiere contestar más preguntas.

4. Penélope le dice su problema con el inglés al maestro.

J. Contesta las preguntas siguientes con una oración completa. (6 puntos)

1. ¿Qué le preguntó Penélope al señor Ross?

2. ¿Por qué dice Penélope que no sabe decir parrillada en inglés?

3. El señor Ross dice que Penélope tiene un problema. ¿Cuál es?

Cultura

K. Contesta las preguntas siguientes con la información cultural correspondiente a Costa Rica. (4 puntos)

1. Explica por qué el café de Costa Rica es muy bueno.

2. ¿Cuándo cosechan (*harvest*) el café en Costa Rica?

L. Contesta las siguientes preguntas sobre Costa Rica. (6 puntos)

1. ¿Qué transporte público hay en Costa Rica?

2. ¿Hay muchos taxis en Costa Rica?

3. ¿Quién es Antonio Mejía?

UNIT 8 LESSON 2
Test

Hablar

M. Habla sobre las vacaciones ideales en la playa. Responde a las siguientes preguntas. Agrega todos los detalles que puedas. (15 points)

- ¿Adónde te gustaría ir de vacaciones?

- ¿Cuándo te gustaría ir?

- ¿Dónde te gustaría quedarte?

- ¿Qué actividades te gustaría hacer allí?

- ¿Con quién te gustaría ir?

Escribir

N. Hoy estás de compras en el mercado público de tu ciudad. Quieres comprar un regalo para tu mejor amigo(a). Escribe un diálogo imaginario entre tú y un vendedor. Incluye los siguientes detalles:

- preguntas del precio de cada producto
- un ejemplo de cómo regatear
- lo que vas a comprar (15 puntos)

¡AVANZA! _____ pts. of 100   Nota _____

¡Éxito! You have successfully accomplished all your goals for this lesson.

Review: Before moving to the next lesson, use your textbook to review: pp. 410–411

- ❏ talking about buying souvenirs **Level 1** pp. 434–435, **Level 1b** pp. 256–258
- ❏ talking about vacation activities **Level 1** pp. 434–435, **Level 1b** pp. 256–258
- ❏ using indirect object pronouns **Level 1** p. 439, **Level 1b** p. 262
- ❏ using demonstrative adjectives **Level 1** p. 444, **Level 1b** p. 268

Escuchar

A.

1. _____

2. _____

3. _____

4. _____

5. _____

You can:

❏ talk about vacation activities

____ pts. of 5

B.

1. C   F

_____

2. C   F

_____

3. C   F

_____

4. C   F

_____

5. C   F

_____

You can:

❏ talk about buying souvenirs on vacation

____ pts. of 5

Vocabulario y gramática

C.

1. _____

2. _____

3. _____

4. _____

You can:

❏ talk about vacation activities

____ pts. of 4

D.

1. _____

_____

2. _____

_____

3. _____

_____

4. _____

_____

You can:
- ❏ talk about buying souvenirs on vacation

____ pts. of 8

E.

1. _____

_____

2. _____

_____

3. _____

_____

4. _____

_____

You can:
- ❏ talk about buying souvenirs on vacation

____ pts. of 8

F.

1. _____

2. _____

3. _____

4. _____

5. _____

6. _____

7. _____

8. _____

You can:
- ❏ use indirect object pronouns

____ pts. of 8

G.

1. _____

_____

2. _____

_____

3. _____

_____

4. _____

_____

You can:
- ❏ use indirect object pronouns
- ❏ talk about buying souvenirs on vacation

____ pts. of 8

H.

1. _____

2. _____

3. _____

4. _____

You can:
- ❏ use demonstrative adjectives

____ pts. of 4

Leer

I.

1. C F _____

2. C F _____

3. C F _____

4. C F _____

You can:
- ❏ talk about buying souvenirs on vacation

____ pts. of 4

J.

1. _____

_____

2. _____

_____

3. _____

_____

You can:
- ❏ talk about buying souvenirs on vacation

____ pts. of 6

Cultura

K.

1. _____

_____

2. _____

_____

You can:
❏ make cultural connections about Costa Rica
____ pts. of 4

L.

1. _____

_____

2. _____

_____

3. _____

_____

You can:
❏ make cultural connections about Costa Rica
____ pts. of 6

Hablar

M.

You can:
❏ talk about vacation activities ____ pts. of 15

Speaking Criteria	5 Points	3 Points	1 Point
Content	You include a lot of information in your description of your ideal beach vacation. You describe where and when you will go on vacation and you describe the activities that you will do.	You include a moderate amount of information in your description of your ideal beach vacation. You give some information about where and when you will go on vacation and you describe the activities that you will do.	You include very little information in your description of your daily beach vacation. You do not describe where and when you will go on vacation or the activities that you will do.
Communication	Your teacher understands the entire conversation.	Your teacher understands most of what you are trying to communicate.	Your teacher has difficulty understanding your speech.
Accuracy	You make very few errors in grammar and vocabulary.	You make some errors in grammar and vocabulary.	You make many errors in grammar and vocabulary.

Nombre _____ Clase _____ Fecha _____

Escribir

N.

_____

_____

_____

_____

_____

_____

_____

_____

_____

_____

_____

_____

_____

_____

_____

_____

_____

_____

_____

You can:
❑ talk about buying souvenirs on vacation
____ pts. of 15

Writing Criteria	5 Points	3 Points	1 Point
Content	You use good detail and varied vocabulary. You comment on products, ask about prices, bargain with the vendor and purchase a product.	You use moderate detail and varied vocabulary. You do most (but not all) of the required activities: commenting on products, asking about prices, bargaining with the vendor and purchasing a product.	You do not include detail or varied vocabulary. You do not comment on products, ask about prices, bargain with the vendor and purchase a product.
Communication	All the information in your dialogue can be understood.	Most of the information in your dialogue can be understood.	Most of the information in your dialogue is difficult to understand.
Accuracy	Your dialogue has few mistakes in grammar and vocabulary.	Your dialogue has some mistakes in grammar and vocabulary.	Your dialogue has many mistakes in grammar and vocabulary.

Examen Unidad 8

> ▶AVANZA! **Goal:** Demonstrate that you have successfully learned to:
>
> • talk about a typical day
> • talk about what you are doing
> • talk about your daily routine while on vacation
> • talk about buying souvenirs on vacation
> • talk about vacation activities
> • use reflexive verbs
> • use present progressive
> • use indirect object pronouns
> • use demonstrative adjectives

Escuchar

Test CD 2 Tracks 23, 24

A. Escucha como Ana y Eva, dos hermanas, hablan de sus rutinas. Decide si las oraciones siguientes describen a: **Ana, Eva,** o **Ana y Eva**. En tu hoja de respuestas, haz un círculo alrededor de la letra correspondiente. (5 puntos)

1. Se levanta a las siete.

   a. Ana   **b.** Eva   **c.** Ana y Eva

2. Se baña en la mañana.

   a. Ana   **b.** Eva   **c.** Ana y Eva

3. Se lava el pelo todos los días.

   a. Ana   **b.** Eva   **c.** Ana y Eva

4. Se seca el pelo con un secador de pelo.

   a. Ana   **b.** Eva   **c.** Ana y Eva

5. No le gusta maquillarse.

   a. Ana   **b.** Eva   **c.** Ana y Eva

B. Hoy Verónica está comprando joyas. Escucha la conversación y después contesta estas preguntas con una oración completa. (5 puntos)

1. ¿Cuánto cuesta el anillo?

2. ¿Por qué no compra Verónica el anillo?

3. ¿Son los aretes de oro o de plata?

4. ¿Regatea Verónica cuando compra los aretes?

5. ¿Cuánto paga Verónica por los aretes?

Vocabulario y gramática

C. Escribe el infinitivo de la acción de la ilustración. (5 puntos)

1. _____

2. _____

3. _____

4. _____

5. _____

D. Completa las oraciones siguientes con el presente progresivo del verbo subrayado. (5 puntos)

1. Ayer <u>compré</u> un libro. Hoy _____ otro.

2. La semana pasada <u>tomé</u> el sol en la piscina. Hoy _____ en la playa.

3. Hace dos días, mis amigos <u>leyeron</u> la historia de Argentina. Hoy ellos _____ la historia de Costa Rica.

4. El mes pasado, Rodrigo <u>llegó</u> a España. Hoy él _____ a Uruguay.

5. Tú <u>vendiste</u> tu casa. Hoy tú _____ tu auto.

E. El sábado vas a ir de compras al centro comercial. Completa las oraciones con el pronombre de objeto indirecto. (5 puntos)

1. A René _____ voy a comprar un anillo.

2. A mis abuelos _____ voy a comprar unos artículos de madera.

3. A mi hermana _____ voy a comprar unas cerámicas.

4. Pedro y Paco, a ustedes _____ voy a comprar unos collares.

5. Y a mí _____ voy a comprar unos aretes.

F. Hay vas a ir al mercado. Completa la siguiente conversación con el vocabulario apropiado. (5 puntos)

Carla	Perdón, ¿**1.** _____ deja ver el collar?
Vendedor	Sí. Cuesta cuarenta y cinco dólares.
Carla	Uf, ¡qué **2.** _____! **3.** _____ puedo ofrecer treinta dólares.
Vendedor	No, es de buena calidad. Pero con treinta dólares puedes comprar **4.** _____ o dos **5.** _____
Carla	No, gracias, quisiera el collar. Adiós.

G. Completa las oraciones con el adjetivo demostrativo apropiado. (8 puntos)

1. Creo que voy a comprar _____ aretes. Los aretes de allí son muy caros.

2. ¿Prefieres _____ anillos o estos que están aquí?

3. ¿Quieres este libro o prefieres _____ libro de allí?

4. ¿Te gustan más _____ artesanías de aquí o _____ artesanías de allí?

5. ¿Te gustan más _____ joyas de aquí, _____ joyas de allí, o _____ joyas en el otro mercado?

H. Tu prima de cuatro años tiene muchas preguntas. Contéstalas con una oración completa. (8 puntos)

1. ¿Por qué usas el champú?

2. ¿Qué haces con una toalla?

3. ¿Para qué necesitas un peine?

4. ¿Qué haces con la pasta de dientes?

I. Tú estás de vacaciones en la playa y tu hermano(a) está de vacaciones en el campo. Compara lo que estás haciendo en este momento con lo que él o ella está haciendo. (4 puntos)

1. Tú: _____

2. Tu hermano(a): _____

Leer

Lee la historia de la famosa actriz *(actress)* Rosa Red. Después, contesta las preguntas de las actividades J y K.

Rosa Red es una actriz muy famosa. Ella baila y canta y es muy simpática. Todas las chicas quieren imitar a Rosa Red.

Hoy Rosa va a trabajar en la televisión. Tiene que vender el nuevo champú "Espuma". Son las siete de la mañana y Rosa se despierta. Se baña y se viste. Se pone un vestido verde muy bonito, se peina y se maquilla. No come el desayuno porque va a ir al gimnasio.

Rosa Red empieza a trabajar. El director *(director)*, el Sr. Vandecamp, le dice que hay un problema. Ella tiene que hablar en español. ¿Qué van a hacer? Rosa Red no sabe hablar español, pero sí sabe que puede aprenderlo. Va a usar su rutina para estudiar.

(seis meses después…)

Ahora cuando Rosa trabaja, cuando va al gimnasio y cuando se duerme, está estudiando español. Rosa recibe una segunda llamada de teléfono del director. Ahora no hay ningún problema porque Rosa Red ya entiende, habla, lee y escribe en español.

J. Identifica cada una de estas oraciones como **cierta** o **falsa**. Si la oración es falsa, escríbela correctamente. (4 puntos)

1. Rosa Red toca la guitarra muy bien.

2. Rosa Red se maquilla en la mañana.

3. El Sr. Vandecamp le dice que hay un problema.

4. Rosa está estudiando español todo el día.

K. Contesta las preguntas siguientes con una oración completa. (6 puntos)

1. ¿Qué hace Rosa para aprender español?

2. ¿Por qué piensas que ella usa su rutina para aprender el español?

UNIT 8
Unit Test

Cultura

L. Completa las siguientes oraciones sobre Costa Rica. Encierra en un círculo la letra que corresponde a la respuesta correcta. (6 puntos)

1. Este mercado, _____, empezó en San José en 1880.
   a. el Mercado del Puerto   **b.** el Mercado Central

2. En Costa Rica se recoge el café en _____.
   a. el invierno   **b.** el verano

3. Antonio Mejía es _____.
   a. pintor   **b.** cantante

4. Un pronombre que se usa en Costa Rica en vez de **tú** es _____.
   a. ustedes   **b.** vos

5. Las carretas son un ejemplo de _____.
   a. una fiesta popular   **b.** una artesanía

6. Cuando compras en el Mercado Central, _____.
   a. puedes regatear   **b.** no debes regatear

M. Contesta estas preguntas sobre Costa Rica. (4 puntos)

1. ¿Por qué es Costa Rica un lugar ideal para el café? Puedes dar una razón (*reason*).

2. ¿Qué usaron para transportar el café?

Hablar

N. Vas de compras al mercado y quieres comprar varios artículos. Tienes que decir tres oraciones para cada una de tres artículos. Puedes describir el artículo, regatear, y decir a quién le compras los artículos. (15 puntos)

Escribir

o. Vas a pasar un mes con una familia de Costa Rica. La familia quiere saber cómo es tu rutina. Escribe un correo electrónico donde vas a explicar qué haces después de despertarte. Di:

- qué haces en la mañana antes de ir a la escuela
- qué haces en la noche antes de acostarte a dormir
- preguntas sobre su rutina en la mañana y en la noche (15 puntos)

¡AVANZA!   _____ pts. of 100   Nota _____

¡Éxito! You have successfully accomplished all your goals for this unit.

Review: Before moving to the next unit, use your textbook to review:

❏ talking about a typical day **Level 1** pp. 410–411, **Level 1b** pp. 228–230
❏ talking about what you are doing **Level 1** pp. 410–411, **Level 1b** pp. 228–230
❏ talking about your daily routine while on vacation **Level 1** pp. 410–411, **Level 1b** pp. 228–230
❏ talking about buying souvenirs **Level 1** pp. 434–435, **Level 1b** pp. 256–258
❏ talking about vacation activities **Level 1** pp. 434–435, **Level 1b** pp. 256–258
❏ using reflexive verbs **Level 1** p. 415, **Level 1b** p. 234
❏ using the present progressive **Level 1** p. 420, **Level 1b** p. 240
❏ using indirect object pronouns **Level 1** p. 439, **Level 1b** p. 262
❏ using demonstrative adjectives **Level 1** p. 444, **Level 1b** p. 268

Escuchar

A.

1. a   b   c

2. a   b   c

3. a   b   c

4. a   b   c

5. a   b   c

You can:
❏ talk about a typical day
❏ use reflexive verbs
____ pts. of 5

B.

1. _____

_____

2. _____

_____

3. _____

_____

4. _____

_____

5. _____

_____

You can:
❏ talk about buying souvenirs on vacation
____ pts. of 5

Vocabulario y gramática

C.

1. _____

2. _____

3. _____

4. _____

5. _____

You can:
❏ talk about vacation activities
____ pts. of 5

D.

1. _____

2. _____

3. _____

4. _____

5. _____

> **You can:**
> ❏ talk about vacation activities
> ❏ use present progressive
>
> ____ pts. of 5

E.

1. _____

2. _____

3. _____

4. _____

5. _____

> **You can:**
> ❏ use indirect object pronouns
>
> ____ pts. of 5

F.

1. _____

2. _____

3. _____

4. _____

5. _____

> **You can:**
> ❏ talk about buying souvenirs on vacation
>
> ____ pts. of 5

G.

1. _____

2. _____

3. _____

4. _____ _____

5. _____ _____ _____

> **You can:**
> ❏ use demonstrative adjectives
>
> ____ pts. of 8

H.

1. _____

2. _____

3. _____

4. _____

You can:

❑ use reflexive verbs

____ pts. of 8

I.

1. _____

_____

2. _____

_____

You can:

❑ talk about vacation activities

____ pts. of 4

Leer

J.

1. C   F

_____

2. C   F

_____

3. C   F

_____

4. C   F

_____

You can:

❑ talk about a typical day

____ pts. of 4

K.

1. _____

_____

2. _____

_____

You can:

❑ talk about a typical day

____ pts. of 6

Cultura

L.

1. a b

2. a b

3. a b

4. a b

5. a b

6. a b

You can:
- ❏ make cultural connections with Costa Rica

____ pts. of 6

M.

1. _____

_____

2. _____

_____

You can:
- ❏ make cultural connections with Costa Rica

____ pts. of 4

Hablar

N.

You can:
- ❏ talk about buying souvenirs on vacation

____ pts. of 15

Speaking Criteria	5 Points	3 Points	1 Point
Content	You engage in a logical conversation with your teacher. You answer questions about price and you bargain with your teacher for all four items. You use varied and appropriate vocabulary for bargaining in a market.	Most of your conversation is logical. You answer most questions about price and you bargain with your teacher for most items. You use adequate vocabulary for bargaining in a market.	Your conversation is not logical. You do not answer most questions about price and you do not bargain with your teacher for most items. You do not use adequate vocabulary for bargaining in a market.
Communication	The teacher understands all of what you are trying to communicate.	The teacher understands most of what you are trying to communicate.	The teacher has difficulty understanding your speech.
Accuracy	You make very few errors in grammar and vocabulary.	You make some errors in grammar and vocabulary.	You make many errors in grammar and vocabulary.

Escribir

O.

_____

_____

_____

_____

_____

_____

_____

_____

_____

_____

_____

_____

_____

_____

_____

_____

You can:

❑ talk about a typical day

❑ use reflexive verbs

____ pts. of 15

Writing Criteria	5 Points	3 Points	1 Point
Content	Your letter includes a lot of information about your morning and evening routine. You ask your host family several logical questions about their routine.	Your letter includes some information about your morning and evening routine. You ask your host family one or two logical questions about their routine.	Your letter includes very little information about your morning and evening routine. You do not ask your host family questions about their routine.
Communication	All the information in your letter can be understood.	Most of the information in your letter can be understood.	Most of the information in your letter is difficult to understand.
Accuracy	Your letter has few mistakes in grammar and vocabulary.	Your letter has some mistakes in grammar and vocabulary.	Your letter has many mistakes in grammar and vocabulary.

Examen final

¡AVANZA! **Goal:** Demonstrate that you have successfully learned to:

- describe a house and household items
- indicate the order of things
- describe people and locations
- plan a party
- talk about chores and responsibilities
- tell someone what to do
- say what you just did
- talk about sports
- talk about whom you know
- talk about what you know
- talk about parts of the body
- make excuses
- say what you did
- talk about staying healthy
- talk about technology

- talk about a series of events
- talk about indefinite or negative situations
- talk on the phone
- say where you went, how it was, and what you did
- extend invitations
- talk about a typical day
- talk about what you are doing
- talk about your daily routine while on vacation
- talk about buying souvenirs on vacation
- talk about vacation activities

Escuchar

Test CD 2 Tracks 25, 26

A. Escucha a chicos que piden consejos *(advice)* de una estación de radio local. Completa cada una de estas oraciones con la información que falta. Escoge la letra de la respuesta correcta. (5 puntos)

1. El primer chico _____ mucho en casa. **a.** estudia, **b.** trabaja

2. Los jugadores _____ mucho. **a.** corren, **b.** ganan

3. Al chico le duele _____. **a.** la rodilla, **b.** el estómago

4. Hay un problema con _____ y no puede escribir. **a.** el teclado, **b.** la pantalla

5. Sus amigos no la invitaron _____. **a.** al cine, **b.** al parque

B. Escucha el mensaje que Antonio le dejó a Laura. Completa las oraciones con la información correcta. Escoge la letra de la respuesta correcta. (5 puntos)

1. El fin de semana de Antonio fue _____. **a.** aburrido, **b.** divertido

2. El sábado en la tarde, Antonio fue _____. **a.** al parque de diversiones, **b.** al museo

3. El sábado en la noche, Antonio _____. **a.** practicó deportes, **b.** estudió música

4. Antonio invitó a Laura _____. **a.** a estudiar, **b.** a una fiesta

5. Antonio va a levantarse _____. **a.** tarde, **b.** temprano

Vocabulario y gramática

C. Completa la descripción de acuerdo con el vocabulario. Escoge la letra de la respuesta correcta. (6 puntos)

1. Rosa prepara la comida en _____.
   a. la cocina **b.** el baño **c.** el comedor **d.** el cuarto

2. Rosa duerme en _____.
   a. el jardín **b.** el comedor **c.** el baño **d.** el cuarto

3. Rosa mira la televisión en _____.
   a. la sala **b.** el comedor **c.** el jardín **d.** el baño

4. Rosa usa _____ para subir al segundo piso.
   a. el piso **b.** la escalera **c.** el suelo **d.** la planta baja

5. Rosa tiene la ropa en _____.
   a. el baño **b.** la cama **c.** el espejo **d.** el armario

6. Rosa se ducha en _____.
   a. la cama **b.** el baño **c.** el patio **d.** la cocina

D. Vuelves a tu casa y está muy sucia. Escoge el mandato con **tú** para cada situación. Encierra en un círculo la letra de la respuesta correcta. (6 puntos)

1. **a.** Lava los platos.
   b. Cocina las patatas.
   c. Prepara la comida.
   d. Barre el suelo.

2. **a.** Haz la cama.
   b. Pasa la aspiradora.
   c. Pon la mesa.
   d. Envuelve el regalo.

3. **a.** Plancha la ropa.
   b. Corta el césped.
   c. Saca la basura.
   d. Pon las decoraciones.

E. Completa las oraciones con la forma correcta del pretérito del verbo. Escoge la letra de la forma correcta. (9 puntos)

1. Yo _____ en la piscina ayer.

    a. nada   **b.** nadé   **c.** nado   **d.** nadaste

2. Mi hermano _____ un correo electrónico la semana pasada.

    a. escribimos   **b.** escribió   **c.** escribe   **d.** escribes

3. Nosotros _____ la tarea anoche.

    a. hicimos   **b.** hacemos   **c.** hizo   **d.** hacen

4. Mis padres _____ al centro comercial anteayer.

    a. van   **b.** fuimos   **c.** fue   **d.** fueron

5. Yo _____ por Internet ayer.

    a. navegó   **b.** navegué   **c.** navega   **d.** navego

6. Tú _____ en un restaurante anoche.

    a. comes   **b.** comiste   **c.** comió   **d.** comieron

7. Ellos _____ al parque de diversiones el año pasado.

    a. fueron   **b.** van   **c.** va   **d.** vamos

8. Yo _____ en casa ayer.

    a. almuerza   **b.** almorcé   **c.** almuerzo   **d.** almorzaste

9. María _____ a Internet anoche.

    a. conecta   **b.** conectan   **c.** conecté   **d.** conectó

F. Completa las siguientes oraciones sobre los miembros de una familia. Escoge la letra de la forma correcta de **ser** o **estar**. (8 puntos)

1. Mis abuelos _____ de México. (**a.** están, **b.** son)

2. Ahora ellos _____ en California con nosotros. (**a.** están, **b.** son)

3. Mi abuela dice que _____ muy contenta con nosotros. (**a.** está, **b.** es)

4. Nuestra casa _____ muy grande y bonita. (**a.** está, **b.** es)

5. Este fin de semana _____ el cumpleaños de mi abuela. (**a.** está, **b.** es)

6. Nosotros _____ dando una fiesta. (**a.** estamos, **b.** somos)

7. Mi abuela _____ una persona muy cómica y le gustan mucho las fiestas. (**a.** está, **b.** es)

8. Yo _____ un poco más serio que ella. (**a.** estoy, **b.** soy)

G. Valeria le escribe un correo electrónico a su amiga Adriana en España. Llena los espacios en blanco con la forma del verbo correspondiente. Escoge la letra de la respuesta correcta. (5 puntos)

Hola.

Aquí está la foto de mi perro Miguelito. Siempre **1.** _____ a las siete, cuando yo

2. _____. Cuando yo **3.** _____, él **4.** _____ a mis padres. Mi madre lo **5.** _____ los

viernes. Escríbeme y manda una foto de tu gato.

Valeria

1. **a.** se despierta
   b. despierta

2. **a.** levanto
   b. me levanto

3. **a.** me baño
   b. se baña

4. **a.** despierta
   b. se despierta

5. **a.** lava
   b. se lava

H. Vas de compras en un mercado y quieres comprar un collar. Escoge la letra de las palabras que completan correctamente las siguientes preguntas y oraciones. (4 puntos)

1. ¿Me _____ ver el collar?
   a. quieres   **b.** deja   **c.** puedo

2. ¿Cuánto _____ el collar?
   a. vende   **b.** compra   **c.** cuesta

3. Es mucho dinero. Es demasiado _____.
   a. barato   **b.** caro   **c.** peligroso

4. Le _____ ofrecer 30 dólares.
   a. puedo   **b.** tengo   **c.** dejo

I. Completa las oraciones sobre qué le duele a cada persona. Escoge la letra de la respuesta correcta. (4 puntos)

1.

A mí me duele ____.

a. la cara   **b.** la rodilla   **c.** la mano   **d.** la boca

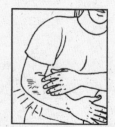

2.

A mi hermano le duele ____.

a. la cabeza   **b.** el tobillo   **c.** la oreja   **d.** la piel

3.

A ti te duele ____.

a. la nariz   **b.** el estómago   **c.** el brazo   **d.** el ojo

4.

A nosotros nos duele ____.

a. el pie   **b.** el estómago   **c.** el corazón   **d.** la pierna

Leer

Sofía llama a su amiga Ana.

Sofía: Acabo de conectar al sitio Web del gimnasio y leí que hoy van a tener una fiesta.

Ana: Yo conozco al Sr. Ramírez. Él trabaja allí. ¿Por qué no lo llamas por teléfono?

Sofía llama al número que le da su amiga Ana y escucha este mensaje:

"Habla Pablo Ramírez. No puedo contestar su llamada. Por favor, deje un mensaje."

Sofía llama a Ana de nuevo.

Ana: Sofía, ¿le dejaste un mensaje?

Sofía: No, mejor le escribo un correo electrónico. Vamos al cibercafé.

En el cibercafé, Sofía no puede conectar a Internet. Entonces, las chicas salen del cibercafé y van al gimnasio.

En el gimnasio hay muchas decoraciones y globos. Alguien le da a Sofía un boleto con un número. Tienen muchos regalos para los clientes del gimnasio. Pueden ganar un viaje a la República Dominicana o a Argentina. ¡Qué divertido! Sofía quiere ir a ver a los gauchos de Argentina y a bailar merengue en la República Dominicana.

Entonces escuchan estas palabras: "El ganador de la computadora y de la cámara digital es... el 2 5 4 0 7."

Ana: ¡Sofía! Es tu número. ¡Acabas de ganar!

Sofía: ¡Qué bueno!

J. Indica si las oraciones son ciertas o falsas. Escoge la letra que corresponde. (5 puntos)

1. Sofía deja un mensaje.   **a.** cierta   **b.** falsa

2. Sofía va al cibercafé para llamar al Sr. Ramírez.   **a.** cierta   **b.** falsa

3. Sofía le escribe un correo electrónico al Sr. Ramírez.   **a.** cierta   **b.** falsa

4. Ana conoce al Sr. Ramírez.   **a.** cierta   **b.** falsa

5. El gimnasio tiene un sitio Web.   **a.** cierta   **b.** falsa

K. Contesta las siguientes preguntas. Escoge la letra de la respuesta correcta. (4 puntos)

1. ¿Qué quiere hacer a Sofía en Argentina?
   a. ver a los gauchos   **b.** bailar merengue

2. ¿Qué ganó Sofía?
   a. un televisor y un tocadiscos compactos   **b.** una cámara digital y una computadora

3. ¿Cómo ganó?
   a. Recibió un boleto.   **b.** Hizo una llamada.

4. ¿Qué puedes hacer en un cibercafé?
   a. dar una caminata   **b.** escribir correos electrónicos

Cultura

L. Indica cuál es la mejor respuesta para cada una de las oraciones siguientes.
(9 puntos)

1. La Mitad del Mundo indica _____.
   a. la posición del ecuador
   b. el centro de la América del Norte
   c. el centro de la América del Sur
   d. el centro de la América Central

2. La ciudad de Otavalo es famosa por su _____.
   a. playa
   b. mercado
   c. restaurante
   d. museo

3. _____ es la capital de Ecuador.
   a. Lima
   b. Quito
   c. Otavalo
   d. Guayaquil

4. El deporte nacional de la República Dominicana es _____.
   a. el fútbol
   b. el tenis
   c. el béisbol
   d. la natación

5. En el Festival del Merengue, puedes _____.
   a. bailar y escuchar música
   b. jugar al béisbol
   c. cocinar
   d. nadar en el mar

6. Carlos Gardel hizo popular _____.

   a. el merengue

   b. el sanjuanito

   c. el tango

   d. el tamborito

7. Esta ciudad se llama El París de las Américas: _____.

   a. San José

   b. Quito

   c. Buenos Aires

   d. Santo Domingo

8. El trabajador del campo en Argentina se llama _____.

   a. lunfardo

   b. muchacho con cachucha

   c. gomía

   d. gaucho

9. En Costa Rica, usan **vos**; no usan _____.

   a. tú

   b. usted

   c. ustedes

   d. ellos

Hablar

M. Pasaste un fin de semana espectacular. Pero no hiciste la tarea y llegaste tarde a la escuela. Responde a las siguientes preguntas sobre por qué no hiciste tu tarea y por qué llegaste tarde a la escuela.

- ¿Qué hiciste en el fin de semana?
- ¿Por qué no hiciste la tarea?
- ¿Por qué llegaste tarde?
- ¿A qué hora te levantaste?
- ¿Qué hiciste después de levantarte?
- ¿Cuándo vas a hacer la tarea? (15 puntos)

Escribir

N. Escríbele un correo electrónico a un(a) amigo(a). Describe tus actividades en
las vacaciones. Di:

- dónde estás pasando tus vacaciones
- dónde te estás quedando
- qué actividades haces en la mañana
- qué actividades haces en la tarde

- qué haces en la noche
- en qué lugares comes
- qué te gusta más de tus
  vacaciones (15 puntos)

¡AVANZA! _____ pts. of 100   Nota _____

Review: Use your textbook to review:

- ❏ describing a house and household
  items **Level 1** pp. 248–249, **Level 1b**
  pp. 42–43
- ❏ indicating the order of things **Level 1**
  p. 258, **Level 1b** p. 54
- ❏ describing people and locations
  Level 1 p. 253, **Level 1b** p. 48
- ❏ planning a party **Level 1** pp. 272–273,
  Level 1b pp. 70–72
- ❏ talking about chores and
  responsibilities **Level 1** pp. 272–273,
  Level 1b pp. 70–72
- ❏ telling someone what to do **Level 1**
  p. 282, **Level 1b** p. 82
- ❏ saying what you just did **Level 1**
  p. 284, **Level 1b** p. 84
- ❏ talking about sports **Level 1**
  pp. 302–303, **Level 1b** pp. 104–106
- ❏ talking about whom you know
  Level 1 p. 312, **Level 1b** p. 116
- ❏ talking about what you know **Level 1**
  p. 312, **Level 1b** p. 116
- ❏ talking about staying healthy **Level 1**
  pp. 326–327, **Level 1b** pp. 132–134
- ❏ talking about parts of the body
  Level 1 p. 327, **Level 1b** p. 133
- ❏ making excuses **Level 1** p. 330,
  Level 1b p. 137
- ❏ saying what you did **Level 1** p. 331
  and p. 361, **Level 1b** p. 138 and p. 172

- ❏ talking about technology **Level 1**
  pp. 356–357, **Level 1b** pp. 166–168
- ❏ talking about a series of events
  Level 1 p. 357, **Level 1b** p. 168
- ❏ talking about indefinite or negative
  situations **Level 1** p. 366, **Level 1b**
  p. 178
- ❏ talking on the phone **Level 1** p. 380,
  Level 1b pp. 194–195
- ❏ say where you went, how it was, and
  what you did **Level 1** p. 385, **Level 1b**
  p. 200
- ❏ extending invitations **Level 1** p. 380,
  Level 1b pp. 194–195
- ❏ talking about a typical day **Level 1**
  pp. 410–411, **Level 1b** pp. 228–230
- ❏ talking about what you are doing
  Level 1 pp. 410–411, **Level 1b**
  pp. 228–230
- ❏ talking about your daily routine while
  on vacation **Level 1** pp. 410–411,
  Level 1b pp. 228–230
- ❏ talking about buying souvenirs on
  vacation **Level 1** pp. 434–435,
  Level 1b pp. 256–258
- ❏ talking about vacation activities
  Level 1 pp. 434–435, **Level 1b**
  pp. 256–258

Escuchar

A.

1. a b

2. a b

3. a b

4. a b

5. a b

You can:

❏ talk about sports

❏ talk about chores and responsibilities

❏ talk about parts of the body

❏ talk about technology

____ pts. of 5

B.

1. a b

2. a b

3. a b

4. a b

5. a b

You can:

❏ say what you did

❏ extend invitations

____ pts. of 5

Vocabulario y gramática

C.

1. a b c d

2. a b c d

3. a b c d

4. a b c d

5. a b c d

6. a b c d

You can:

❏ describe a house and household items

____ pts. of 6

D.

1. a b c d

2. a b c d

3. a b c d

You can:

❏ talk about chores and responsibilities

❏ tell someone what to do

____ pts. of 6

E.

1. a   b   c   d

2. a   b   c   d

3. a   b   c   d

4. a   b   c   d

5. a   b   c   d

6. a   b   c   d

7. a   b   c   d

8. a   b   c   d

9. a   b   c   d

> **You can:**
> ❑ say what you did
> ____ pts. of 9

F.

1. a   b

2. a   b

3. a   b

4. a   b

5. a   b

6. a   b

7. a   b

8. a   b

> **You can:**
> ❑ describe people and locations
> ____ pts. of 8

G.

1. a   b

2. a   b

3. a   b

4. a   b

5. a   b

> **You can:**
> ❑ talk about a typical day
> ____ pts. of 5

H.

1. a   b   c

2. a   b   c

3. a   b   c

4. a   b   c

> **You can:**
> ❑ talk about buying souvenirs on vacation
> ____ pts. of 4

I.

1. a   b   c   d

2. a   b   c   d

3. a   b   c   d

4. a   b   c   d

You can:
❏ talk about parts of the body

____ pts. of 4

Leer

J.

1. a   b

2. a   b

3. a   b

4. a   b

5. a   b

You can:
❏ talk on the phone
❏ talk about technology

____ pts. of 5

K.

1. a   b

2. a   b

3. a   b

4. a   b

You can:
❏ say what you did
❏ talk about technology

____ pts. of 4

Nombre _____ Clase _____ Fecha _____

Cultura

L.

1. a   b   c   d

2. a   b   c   d

3. a   b   c   d

4. a   b   c   d

5. a   b   c   d

6. a   b   c   d

7. a   b   c   d

8. a   b   c   d

9. a   b   c   d

> **You can:**
> ❏ make cultural connections with Argentina, Ecuador, Costa Rica, and the Dominican Republic
>
> ____ pts. of 9

Hablar

M.

> **You can:**
> ❏ talk about a typical day
> ❏ make excuses
> ❏ say what you did   ____ pts. of 15

Speaking Criteria	5 Points	3 Points	1 Point
Content	You describe your weekend in detail. You give logical and detailed excuses for your missing homework and late arrival. You use varied and appropriate vocabulary.	You describe your weekend in moderate detail. Most of your excuses about your homework and late arrival are logical. Your vocabulary is appropriate but lacks variety.	You provide very little information about your weekend. You do not give logical excuses about your homework or late arrival. You do not use appropriate vocabulary.
Communication	All the information in your descriptions can be understood.	Most of the information in your descriptions can be understood.	Most of the information in your descriptions is difficult to understand.
Accuracy	Your speech has few mistakes in grammar and vocabulary.	Your speech has some mistakes in grammar and vocabulary.	Your speech has many mistakes in grammar and vocabulary.

Nombre _____ Clase _____ Fecha _____

Escribir

N.

_____

_____

_____

_____

_____

_____

_____

_____

_____

_____

_____

_____

_____

_____

_____

_____

_____

_____

_____

_____

You can:

❑ talk about vacation activities

❑ talk about what you are doing

❑ talk about your daily routine while on vacation

____ pts. of 15

Writing Criteria	5 Points	3 Points	1 Point
Content	Your e-mail includes a lot of information about what you are doing on your vacation. You use varied vocabulary.	Your e-mail includes some information about what you are doing on your vacation. You use adequate vocabulary.	Your e-mail includes very little information about what you are doing on your vacation. You do not use appropriate vocabulary.
Communication	All the information in your e-mail can be understood.	Most of the information in your e-mail can be understood.	Most of the information in your e-mail is difficult to understand.
Accuracy	Your e-mail has few mistakes in grammar and vocabulary.	Your e-mail has some mistakes in grammar and vocabulary.	Your e-mail has many mistakes in grammar and vocabulary.

Answer Keys

Lección preliminar Answer Key

Escuchar

A 1. Pablo
2. Emilia
3. Roberto
4. Luisa
5. Miguel

B 1. 3624299
2. 4731518
3. 6572134
4. 2763030
5. 4992161

Vocabulario y gramática

C 1. Es de México.
2. Es de Texas.
3. Es de Puerto Rico.
4. Es de Nueva York.
5. Es de España.

D 1. ¡Hola! Me llamo Ana.
2. Mucho gusto, Ana.
3. ¿De dónde eres?
4. Soy de Chicago.
5. ¿De dónde es la señora Sánchez?
6. Es de Miami.
7. Hasta luego, Ana.

E 1. c
2. b
3. b
4. b
5. c

F 1. Llueve.
2. Nieva.
3. Hace viento.
4. Hace calor.

G 1. Buenos días, señor López.
2. Buenas tardes, señora Vega.
3. Hasta mañana.
4. Hasta luego.
5. Buenas noches.

H 1. Sit down.
2. Take out a piece of paper.
3. Open your books.
4. Raise your hand.
5. Please repeat.

Leer

I 1. F
2. C
3. C
4. F

J 1. Hoy es jueves.
2. Se llama señora Castellanos.
3. Es de Chicago.

Hablar

K Answers will vary.

Escribir

L Answers will vary.

Unidad 1 Answer Key

EXAMEN LECCIÓN 1

Escuchar

A
1. por teléfono
2. jugar al fútbol
3. practicar deportes
4. pasar un rato con los amigos
5. helado

B
1. un libro
2. escribir correos electrónicos
3. mirar la televisión
4. tocar la guitarra
5. refrescos

Vocabulario y gramática

C
1. deportes
2. ti
3. hacer
4. mí
5. pero
6. patineta
7. También
8. alquilar
9. correos

D
1. A Teresa le gusta leer.
2. A Verónica le gusta escuchar música.
3. A Pablo le gusta comer helado.
4. A Miguel le gusta jugar al fútbol.
5. A la Srta. Rodríguez le gusta escribir correos electrónicos.

E
1. Yo soy de Miami.
2. Usted es de Ecuador.
3. Los estudiantes son de Argentina.
4. Nosotras somos de Honduras.
5. Tú eres de Panamá.
6. Ana es de Bolivia.

F
1. A Julio le gusta dibujar después de las clases.
2. A usted no le gusta correr antes de las clases.
3. A ti te gusta mirar la televisión los domingos.
4. A Corina y a Luis les gusta hablar por teléfono.
5. A nosotros no nos gusta trabajar los sábados.

G Answers will vary.

Leer

H
1. Miami
2. pasar un rato con los amigos
3. hacer la tarea
4. descansar y escribir correos electrónicos, hacer la tarea
5. la comida
6. jugo

I
1. A María y a sus amigos les gusta practicar deportes, montar en bicicleta, escuchar música y andar en patineta.
2. A María le gusta comer helado después de la comida.

Cultura

J
1. During Hispanic Heritage Month, people celebrate the diverse backgrounds and cultures of Hispanics in the United States.
2. La Calle Ocho
3. Fiesta San Antonio is a ten-day celebration that honors the heroes of the Alamo and San Jacinto. food, music and parades.
4. Los Premios Juventud is an awards show held in Miami.
5. Xavier Cortada is a Cuban American painter. His work represents his Cuban American heritage.

Hablar

K Answers will vary.

Escribir

L Answers will vary.

Unidad 1 Answer Key

EXAMEN LECCIÓN 2

Escuchar

A 1. C
   2. F Ana y Berta son estudiosas.
   3. F Ana es baja y tiene pelo rubio. (Berta es alta y tiene pelo castaño.)
   4. C
   5. F Ana es artística. (Berta es atlética.)

B 1. No, no le gusta practicar deportes.
   2. No, no le gusta estudiar.
   3. No, él es cómico.
   4. Sí, le gusta dibujar.
   5. No, él tiene pelo castaño.

Vocabulario y gramática

C 1. Antonio es alto. Carlos es bajo.
   2. Juana es trabajadora. Gloria es perezosa.
   3. Pablo es organizado. Enrique es desorganizado.
   4. Teresa tiene el pelo castaño. Sara tiene el pelo rubio.
   5. Luis es cómico. Guillermo es serio.

D 1. el
   2. un
   3. un
   4. la
   5. una

E 1. Los amigos son simpáticos
   2. Las chicas son pelirrojas.
   3. Los maestros son inteligentes.
   4. Las mujeres son viejas.
   5. Los chicos son atléticos.

F 1. El hombre es muy trabajador.
   2. Las estudiantes son organizadas.
   3. La mujer es joven.
   4. El maestro es artístico.
   5. Los chicos son cómicos.
   6. Los amigos son perezosos.

G 1. Maria es trabajadora. A ella le gusta trabajar.
   2. Pablo es atlético. A él le gusta practicar deportes.
   3. La señora Velázquez es artística. A ella le gusta dibujar.
   4. Todos los estudiantes son estudiosos. A ellos les gusta estudiar.

H 1. F Los estudiantes son estudiosos.
   2. C
   3. F Después de las clases les gusta practicar deportes.
   4. F La señora Flores es joven.
   5. C

Leer

I 1. Sí, le gusta ir a la escuela.
   2. Son simpáticos, estudiosos, inteligentes, artísticos y atléticos.
   3. Sí, ella es la maestra.
   4. Ella es joven, cómica y muy organizada.
   5. Le gusta ser maestra.

J 1. b
   2. d
   3. a
   4. c

Cultura

K 1. Tex-Mex shares food from both Mexican and Texan traditions.
   2. nachos, fajitas, chili con carne
   3. Common Tex-Mex ingredients include flour tortillas, yellow cheese, refried beans, and beef.

L Answers will vary.

Hablar

M Answers will vary.

Escribir

N Answers will vary.

Unidad 1 Answer Key

EXAMEN UNIDAD 1

Escuchar

A 1. a
2. c
3. d
4. a
5. c

B 1. C
2. F Antonio es alto.
3. F Antonio tiene pelo castaño.
4. C
5. C

Vocabulario y gramática

C 1. trabajadoras
2. pequeña
3. perezoso
4. bueno
5. viejos
6. cómicos
7. desorganizado
8. baja

D 1. No le gusta descansar.
2. No les gusta trabajar.
3. Me gusta aprender el español.
4. Te gusta jugar al fútbol.
5. Le gusta dibujar.

E 1. ¿Eres de México?
2. Roberto y Elena son de Texas.
3. Nosotros somos de Miami.
4. Ella no es de Nueva York.
5. Tú y yo somos de la Florida.
6. La maestra es de Puerto Rico.
7. Mis amigos son de Los Ángeles.
8. Yo soy de España.

F 1. A mí me gusta jugar al fútbol.
2. A Paco y a Jorge les gusta montar en bicicleta.
3. A ti te gusta comer.
4. A Susana le gusta estudiar.
5. A mi amigo y a mí nos gusta mirar la televisión.
6. A ustedes les gusta preparar la comida.

G 1. Daniela es la chica guapa/bonita.
2. Ellos son los hombres viejos.
3. Victoria y Claudia son unas chicas simpáticas.
4. El maestro es organizado.
5. El chico es cómico.

H Answers may vary.

Leer

I 1. Luis y Sara
2. Luis
3. Luis
4. Sara
5. Ernesto

J 1. False. Sara es trabajadora.
2. Cierto
3. Falso. Le gusta hacer la tarea después de las clases.
4. Falso. Es de Texas.
5. Cierto

Cultura

K 1. Tex-Mex
2. Corn
3. painted eggs filled with confetti
4. Fiesta San Antonio
5. The Cuban American Museum

L Answers may vary.

Hablar

M Answers may vary.

Escribir

N Answers may vary.

Unidad 2 Answer Key

EXAMEN LECCIÓN 1

Escuchar

A 1. historia
2. español
3. ciencias
4. inglés

B 1. ochenta y cinco
2. noventa y ocho
3. cuarenta
4. setenta
5. cien

Vocabulario y gramática

C 1. notas
2. computadora
3. apuntes
4. tarde
5. mañana

D 1. La clase de ciencias es a las ocho y media de la mañana.
2. La clase de matemáticas es a la una menos veinticinco de la tarde.
3. La clase de español es a las diez y cuarto de la mañana.
4. La clase de música es a las nueve y veinticinco de la mañana.
5. La clase de inglés es a las once de la mañana.

E 1. Julia tiene un examen el miércoles.
2. Nosotros tenemos un examen el lunes.
3. Los estudiantes tienen un examen el viernes.
4. Tú tienes un examen en la mañana.
5. Yo tengo un examen en la tarde.

F 1. llegas
2. llego
3. estudio
4. contesto
5. descansan
6. trabajamos
7. practicamos
8. escucho
9. toca
10. paso

G 1. Siempre tengo que llegar temprano a clase.
2. Tengo que estudiar mucho.
3. De vez en cuando tengo que usar la computadora.
4. Todos los días tengo que contestar las preguntas.
5. Nunca tengo que enseñar la clase.

Leer

H 1. C
2. F; Siempre contesta las preguntas.
3. F; Siempre usan la computadora.
4. F; En la clase de arte dibujan todas los días.

I 1. Es a las nueve de la mañana.
2. En la clase de inglés usan la computadora.
3. Les gusta hablar con amigos y practicar deportes.

Cultura

J 1. C
2. C
3. F; UNAM is the largest public university in Mexico.
4. F; They do wear uniforms.

K 1. C
2. C
3. D

L 1. Diego Rivera was commissioned to paint murals.
2. Free public education in Mexico.

Hablar

M Answers will vary.

Escribir

N Answers will vary.

Unidad 2 Answer Key

EXAMEN LECCIÓN 2

Escuchar

A 1. 2
   2. 1
   3. 4
   4. 5
   5. 3

B 1. saca muy buenas notas en la clase de matemáticas.
   2. tiene un examen de inglés.
   3. tiene que descansar.
   4. no tiene examenes hoy.
   5. los amigos no están en la escuela hoy.

Vocabulario y gramática

C 1. una tiza
   2. un borrador
   3. un cuaderno
   4. un papel
   5. una calculadora
   6. un lápiz

D 1. El lápiz está debajo del escritorio.
   2. El papel está al lado de la ventana.
   3. El cuaderno está dentro de la mochila.
   4. La calculadora está encima de la silla.

E 1. Tú estás triste.
   2. Las maestras están contentas.
   3. La chica está emocionada.
   4. Juan y yo estamos cansados.
   5. El estudiante está tranquilo.

F 1. Julio va a la escuela.
   2. Yo voy a la biblioteca.
   3. Los estudiantes van al gimnasio.
   4. Mis amigos y yo vamos a la cafetería.
   5. Ustedes van a la clase de historia.
   6. Tú vas a la clase de música.

G Answers will vary.

Leer

H 1. F; En la escuela hay una cafetería.
   2. F; Los estudiantes van a la oficina del director cuando están tristes.
   3. F; Los estudiantes tienen que llegar a las siete.
   4. C

I 1. la biblioteca
   2. el gimnasio
   3. la oficina del director

Cultura

J 1. b
   2. d
   3. a
   4. c

K 1. She painted a self-portrait.
   2. Her style of painting was influenced by the indigenous cultures of Mexico.
   3. She often wore traditional native clothing.

Hablar

L Answers will vary.

Escribir

M Answers will vary.

Unidad 2 Answer Key

EXAMEN UNIDAD 2

Escuchar

A
1. F; El Sr. Rojas enseña la historia.
2. F; Tiene clases en la mañana y en la tarde.
3. F; Está cerca del gimnasio.
4. C (También tienen que llegar temprano, participar en clase y hacer la tarea.)

B
1. lunes, mañana
2. martes, tarde
3. miércoles, tarde
4. lunes, tarde
5. miércoles, mañana

Vocabulario y gramática

C
1. Hay sesenta mochilas.
2. Hay cuarenta y dos escritorios.
3. Hay noventa y ocho lápices.
4. Hay setenta y cinco cuadernos.
5. Hay cincuenta y dos plumas.

D
1. Tengo la clase de matemáticas a las ocho y viente.
2. Tengo la clase de historia a las nueve y media.
3. Tengo la clase de arte a las once menos cuarto.
4. Tengo la clase de español a las once y cuarto.
5. Tengo la clase de ciencias a la una y veinticinco.

E
1. voy
2. llegamos
3. tengo
4. está
5. habla
6. toman
7. tenemos
8. tenemos
9. llegas
10. está

F
1. estás en el gimnasio
2. están en la biblioteca
3. estamos en la oficina del director
4. estoy en la cafeteria

G
1. Todos los días llego temprano a la escuela.
2. Nunca hablo con los amigos en clase.
3. De vez en cuando estoy nervioso(a) cuando tengo examen.
4. Siempre tomo buenos apuntes.
5. Nunca tengo que ir a oficina del (de la) director(a).

Leer

H
1. Rogelio Díaz
2. Raúl González
3. Luis Fernández
4. Rosa Rivera
5. Claudia Muñoz

I
1. F; Rosa Rivera siempre está en la biblioteca.
2. F; A Claudia Muñoz le gusta ir a la clase de arte.
3. C
4. C

Cultura

J
1. c
2. a
3. f
4. e
5. b
6. d

K
1. Diego Rivera is famous for painting murals. He was commissioned by the government of Mexico.
2. Frida Kahlo is famous for painting self-portraits. She was influenced by the indigenous cultures of Mexico.

Hablar

L Answers may vary.

Escribir

M Answers may vary.

Unidad 3 Answer Key

EXAMEN LECCIÓN 1

Escuchar

A 1. Al señor Rodríguez le gustan las hamburguesas.
2. Al señor Rodríguez y a la señora Rodríguez les gustan las uvas.
3. Al señor Rodríguez le gustan las bananas.
4. Al señor Rodríguez y a la señora Rodríguez les gusta el jugo de naranja.
5. A la señora Rodríguez le gustan las manzanas.

B 1. un desayuno nutritivo
2. el cereal
3. huevos
4. el pan
5. jugo de naranja

Vocabulario y gramática

C Answers will vary. Sample answers:
1. la leche/ el café
2. un sándwich/ las uvas
3. la sopa/ una hamburguesa
4. una banana/ una manzana
5. el jugo de naranja/ un refresco
6. una hamburguesa/ dos sándwiches

D 1. A Marta le gusta el pan.
2. A Pablo y a Paco les gusta el yogur.
3. A Susana y a Sara les gustan los huevos.
4. A nosotros nos gustan las hamburguesas.
5. A usted le gustan las manzanas.

E 1. Dónde
2. Cómo
3. Qué
4. Quién
5. Por qué

F 1. comparten
2. bebes
3. vendemos
4. hace
5. como
6. bebe
7. hago
8. compartimos
9. corren
10. escribe

G Answers will vary.

Leer

H 1. una hamburguesa
2. un sándwich
3. una sopa
4. una hamburguesa
5. el pan
6. Porque es domingo (por la tarde).

I 1. c
2. a
3. b

Cultura

J 1. El Viejo San Juan
2. La estatua de Cristóbal Colón
3. El coquí

K 1. Pinchos are skewers of chicken or pork.
2. Traditional cooking in Puerto Rico is called **la cocina criolla**.
3. Traditional Puerto Rican cooking has Spanish, African, and indigenous influences.
4. Bacalaítos are codfish fritters.

Hablar

L Answers will vary.

Escribir

M Answers will vary.

Unidad 3 Answer Key

EXAMEN LECCIÓN 2

Escuchar

A 1. Los abuelos de Félix
2. Ivan y Sandra
3. Ricardo y Linda
4. Andrés
5. La tía Elena
6. Daniel

B 1. La abuela Ana tiene setenta y cinco años.
2. El cumpleaños de la tía Cecilia es el ocho de agosto.
3. El vienticinco de marzo es el cumpleaños del padre de Clara.
4. El dieciocho de octubre es importante porque es el cumpleaños de Clara.

Vocabulario y gramática

C 1. abuela
2. prima
3. hija
4. tía
5. hermano

D 1. cinco mil
2. ochocientas cincuenta
3. mil doscientas
4. dos mil cuatrocientas
5. tres mil

E 1. Es el cuaderno de Miguel.
2. Es el lápiz de Olga.
3. Es la pluma de Rita.
4. Es la mochila de Julia.

F 1. Mi madre tiene treinta y cinco años. Su cumpleaños es el veintidós de octubre.
2. Mi padre tiene cuarenta años. Su cumpleaños es el quince de julio.
3. Mi abuela tiene sesenta años. Su cumpleaños es el veintinueve de enero.
4. Mi hermana tiene diez años. Su cumpleaños es el veinte de marzo.
5. Mi prima tiene quince años. Su cumpleaños es el veinticinco de junio.

G 1. Su
2. tus
3. Su
4. mi
5. nuestros

H Answers will vary.

Leer

I 1. F: El tío de Pablo es Alberto. (El primo de Pablo es Vicente.)
2. F: Pablo es menor que sus hermanos.
3. C
4. F: Manuel y Laura son muy trabajadores.

J 1. Los tíos de Emilio y Vincente son Manuel y Laura.
2. Pablo es muy serio.
3. Les gustan los deportes.

Cultura

K 1. This custom is called **sobremesa.**
2. A quinceañera has fourteen or fifteen maids of honor.
3. There are three main political parties in Puerto Rico: Partido Popular Democrático, Partido Nuevo Progresista, Partido Independentista Puertorriqueño.

L 1. He was born in New York and moved to Puerto Rico as a child.
2. His mother is the subject.

Hablar

M Answers may vary.

Escribir

N Answers will vary.

Unidad 3 Answer Key

EXAMEN UNIDAD 3

Escuchar

A
1. abuela
2. primos
3. tía
4. hermano
5. abuelo

B
1. C
2. F: A Marta no le gustan los huevos.
3. C
4. C
5. F: Marta come (yogur, fruta o pizza) después de las clases.

Vocabulario y gramática

C
1. bebe café
2. comen hamburguesas
3. comemos sopa
4. comes huevos

D
1. ¿Por qué vas a la escuela?
2. ¿Cuántos amigos tiene Ricardo? (¿Quién tiene seis amigos?)
3. ¿Cuándo tienes que estar en la escuela?
4. ¿Cómo es la pizza?
5. ¿Qué comparten los niños? (¿Quiénes comparten un sándwich?)

E Answers will vary.

F Answers will vary.

G
1. doscientos cincuenta
2. tres mil quinientos
3. setecientos veinte
4. diez mil
5. novecientos

H
1. Su
2. Sus
3. tus
4. Mis

Leer

I
1. F: A las primas de Diana les gusta hablar inglés.
2. F: Los abuelos de Diana son de Puerto Rico. (Las primas de Diana son de Nueva York.)
3. F: La familia de Diana es muy grande.
4. F: El hermano de Diana es muy cómico.

J
1. La mayor es Camila.
2. Los abuelos de Diana son muy buenos porque comparten todo.
3. Sus primas son divertidos porque hablan inglés tanto como español.

Cultura

K
1. El Yunque
2. El coquí
3. El Viejo San Juan
4. La Cascada de la Coca
5. Los tostones
6. Los pinchos

L
1. It refers to both the young girl who turns fifteen and the celebration itself.
2. Answers may vary. (religious ceremony, reception, typical Puerto Rican food, dancing, Caribbean music)

Hablar

M Answers will vary.

Escribir

N Answers will vary.

Unidad 4 Answer Key

EXAMEN LECCIÓN 1

Escuchar

A
1. un vestido rojo ni una blusa azul, ni un vestido verde
2. no quiere
3. euros
4. negro
5. zapatos

B
1. diez euros
2. veinticinco euros
3. treinta y cinco euros
4. cincuenta euros
5. setenta euros

Vocabulario y gramática

C
1. los calcetines
2. la chaqueta
3. los pantalones
4. los pantalones cortos
5. el sombrero
6. la camiseta

D
1. Es el invierno.
2. Es el verano.
3. Es el otoño.
4. Es la primavera.

E
1. Marta Martínez quiere...
2. Pedro Gutiérrez prefiere...
3. Tú quieres...
4. Yo prefiero...
5. Vosotros queréis...

F
1. Me
2. te
3. lo
4. los
5. las

G Answers will vary.

Leer

H
1. F; El vestido de Analía es para la primavera.
2. C
3. F; Paula prefiere una chaqueta marrón.
4. F; Las chicas no tienen mucho dinero.

I
1. Paula prefiere una chaqueta porque no quiere tener frío.
2. Los quiere usar en el invierno, la primavera, y el otoño.
3. Los precios son muy buenos.

Cultura

J
1. Salvador Dalí
2. Don Quijote
3. dance and sing
4. hymns
5. a dream
6. the nature of time

K
1. In Spain, July is a summer month and in Chile it is a winter month.
2. The varied terrain and the length of the country contribute to varied climates.

Hablar

L Answers will vary.

Escribir

M Answers will vary.

Unidad 4 Answer Key

EXAMEN LECCIÓN 2

Escuchar

Ⓐ 1. **b.** Van a ir al centro.
    2. **a.** Van a ir al teatro.
    3. **d.** Van a ir de compras.
    4. **c.** Van a comer en un restaurante.

Ⓑ 1. El camarero prefiere el pollo.
    2. Sirven el pollo con arroz amarillo y frijoles.
    3. Con el plato principal sirven una ensalada.
    4. El camarero prefiere el pastel de manzana.

Vocabulario y gramática

Ⓒ 1. la ensalada
    2. el pescado
    3. el pollo
    4. las patatas
    5. el pastel
    6. las verduras

Ⓓ 1. vas al cine.
    2. vamos a la ventanilla.
    3. van al concierto.
    4. van al restaurante.
    5. voy al parque.
    6. van al centro comercial.

Ⓔ 1. Ella va a leer.
    2. Yo voy a comer.
    3. Vosotros vais a beber.
    4. Ellos van a ir al teatro.

Ⓕ 1. almuerzo, almorzamos
    2. puedes, podemos
    3. duermo, dormimos
    4. pido, pedimos

Ⓖ Answers will vary.

Leer

Ⓗ 1. C
    2. C
    3. F
    4. C

Ⓘ 1. Van a ir al restaurante para el cumpleaños de su hermano mayor.
    2. Van a pedir una sopa con verduras y arroz.
    3. De postre van a comer un pastel de cumpleaños.
    4. Después de comer, van a descansar.

Cultura

Ⓙ 1. El Rastro
    2. Huipiles are Mayan blouses found in the market in Chichicastenango.
    3. handicrafts from the Maya-Quiché culture
    4. Diego Velázquez
    5. a princess
    6. Diego Velázquez

Hablar

Ⓚ Answers will vary.

Escribir

Ⓛ Answers will vary.

Unidad 4 Answer Key

EXAMEN UNIDAD 4

Escuchar

A 1. Sancha necesita cinco camisetas.
2. F; Va a llevar unos pantalones y una blusa.
3. F; Necesita llevar un sombrero.
4. F; Está cerca de la escuela.
5. C

B 1. teatro
2. la cena todos los dias
3. a las once de la noche
4. verduras
5. plato principal

Vocabulario y gramática

C 1. la ensalada
2. las patatas
3. el pollo
4. los frijoles
5. el pastel

D 1. las entradas
2. la película
3. los pantalones cortos
4. la cuenta
5. el pastel

E Answers will vary.

F 1. empieza
2. quiero
3. prefiere
4. encuentro
5. piensa
6. cierra
7. podemos
8. volvemos
9. almorzamos
10. sirven

G 1. Sí, lo voy a tomar. (Sí, voy a tomarlo.)
2. No las quiero comprar. (No quiero comprarlas.)
3. Sí, los necesito comprar. (Sí, necesito comprarlos.)
4. No la voy a llevar. (No voy a llevarla.)
5. Sí, lo tengo.

H Answers will vary.

Leer

I 1. C
2. F
3. C
4. C
5. F
6. F

J 1. Ella quiere comprar entradas para un concierto.
2. Ella va a la biblioteca, al teatro, al centro comercial y al café.

Cultura

K 1. Salvador Dalí
2. Un huipil
3. **El traje de sevillana**
4. El Rastro
5. FCBarcelona
6. Pablo Picasso

L 1. Argentina is below the equator, and Spain is above it.
2. They have rainy and dry seasons, but warm temperatures year-round.

Hablar

M Answers may vary.

Escribir

N Answers may vary.

Examen de mitad de año Answer Key

Escuchar

A
1. b
2. b
3. c
4. a
5. d

B
1. a
2. b
3. b
4. a

Vocabulario y gramática

C
1. a
2. b
3. c
4. b

D
1. a
2. b
3. a

E
1. a
2. b
3. a
4. b

F
1. a
2. a
3. b
4. b
5. a
6. a
7. b
8. a
9. b
10. b
11. a
12. a

G
1. a
2. b
3. a
4. c
5. a
6. d
7. a

H
1. a
2. b
3. b
4. a

I
1. a
2. a
3. b
4. b
5. b

J
1. a
2. a
3. d
4. b

Leer

K
1. b
2. a
3. b
4. a
5. b

L
1. b
2. a
3. a

Cultura

M
1. d
2. b
3. a

N
1. d
2. b

O
1. b
2. c
3. a

P
1. b
2. b

Hablar

Q Answers will vary.

Escribir

R Answers will vary.

Unidad 5 Answer Key

EXAMEN LECCIÓN 1

Escuchar

A 1. La casa del señor Ortega tiene dos pisos.
   2. En su cuarto hay una cama, dos mesas pequeñas, una cómoda, dos lámparas y un escritorio.
   3. Hay una mesa y sillas.
   4. Hay dos sofás, dos sillones, una mesa y dos lámparas.

B 1. Al lado de la casa de Luisa hay un jardín.
   2. En el primer piso hay un comedor.
   3. Luisa y su hermana tienen dos camas, dos escritorios y una lámpara en su cuarto.
   4. Para mirar la televisón hay que bajar la escalera.
   5. El cuarto de sus padres está en el segundo piso.

Vocabulario y gramática

C 1. la cocina
   2. el cuarto
   3. la sala
   4. la escalera

D 1. el comedor
   2. el cuarto
   3. la sala
   4. el cuarto
   5. el cuarto

E 1. El gato está encima del sofá.
   2. El gato está en el jardín.
   3. El gato está debajo de la mesa.
   4. El gato está delante del televisor.

F 1. es
   2. es
   3. están
   4. está
   5. está

G 1. primer, está
   2. cuarto, están
   3. tercer, es
   4. segundo, es
   5. quinto, Soy

H Answers will vary.

Leer

I 1. F: El cuarto de Eugenia está en el segundo piso.
   2. F: El Sr. Veláquez va a comprar unas cortinas y una alfombra.
   3. C
   4. F: El sillón negro va a estar en la sala.
   5. C

J 1. Es feo y quiere un cuarto bonito.
   2. En verano Eugenia puede ver el jardín.
   3. Hay un sofá negro en la sala y ellas juegan videojuegos allí.

Cultura

K 1. The equator divides the northern and southern hemispheres.
   2. The Mitad del Mundo monument marks the location of the equator.
   3. Tierra del Fuego is the province of Argentina with the southernmost city in the world: Ushuaia.
   4. Cotopaxi is a volcano in Ecuador. (It is the world's highest active volcano.)

L 1. Las casas tradicionales son blancas.
   2. La casa de Oswaldo Guayasamín es el Museo Guayasamín hoy.

Hablar

M Answers will vary.

Escribir

N Answers will vary.

Unidad 5 Answer Key

EXAMEN LECCIÓN 2

Escuchar

A 1. limpiar la cocina
2. comprar el pastel
3. envolver los regalos
4. poner las decoraciones, traer sillas
5. cocinar arroz con pollo
6. descansar

B 1. F: Treinta amigos van a la fiesta de Patricia.
2. F: David está muy mal y no puede ir a la fiesta.
3. C
4. F: David está triste porque no va a la fiesta de Patricia.

Vocabulario y gramática

C 1. Hay que lavar los platos.
2. Hay que planchar la ropa.
3. Hay que cortar el césped.
4. Hay que hacer la cama.
5. Hay que pasar la aspiradora.

D 1. doy
2. ponemos
3. trae
4. pongo
5. salgo
6. envuelven
7. traigo
8. digo
9. vienen
10. decimos

E 1. hazla
2. pásala
3. lávalos
4. ponlo
5. bárrelo

F 1. Acabo de envolver los regalos.
2. Acaba de cocinar el pollo.
3. Acaban de traer los discos compactos.
4. Acabamos de decorar el pastel.

G 1. regalo
2. bailar
3. limpiar
4. sorpresa
5. globos
6. decoraciones
7. abrir

Leer

H 1. F. Recibe un videojuego como regalo de cumpleaños.
2. C
3. F. La familia de Carla viene a su fiesta de cumpleaños.
4. F. Carla no tiene una fiesta el día de su cumpleaños porque nieva.

I 1. Los amigos de Carla no vienen a su fiesta porque nieva mucho.
2. Carla no está contenta.
3. Answers will vary.

Cultura

J 1. quiteños
2. Fiestas de Quito
3. serenatas quiteñas
4. los otavalos

K 1. Young people build and decorate wooden cars to race in competitions for their age level.
2. Adults celebrate las serenatas quiteñas, parades, and the Reina de Quito beauty pageant.
3. One of the most popular dances in Ecuador is the sanjuanito.

Hablar

L Answers will vary.

Escribir

M Answers will vary.

Unidad 5 Answer Key

EXAMEN UNIDAD 5

Escuchar

A 1. María tiene que barrer el suelo, lavar los platos y sacar la basura.
2. Roberto tiene que limpiar su cuarto (hacer la cama y pasar la aspiradora).
3. Tomás tiene que cortar el césped.
4. Paula tiene que poner la mesa.
5. Fernando tiene que pasar la aspiradora y poner los videojuegos en la mesa.

B 1. El apartamento está en el tercer piso.
2. El comedor tiene una mesa con ocho sillas.
3. Hay cinco cuartos.
4. Todos los cuartos tienen armarios.
5. Hay seis baños.

Vocabulario y gramática

C 1. el sofá, el sillón
2. la cama, la mesa
3. las cortinas

D 1. Haz la cama.
2. Saca la basura.
3. Pon la mesa.
4. Plancha la ropa.

E 1. es
2. son
3. es
4. está
5. está
6. es
7. es
8. está
9. es

F 1. Yo traigo los regalos.
2. Yo salgo a la tienda para comprar la comida.
3. Mis amigos vienen a ayudar.
4. Yo digo ¡Sorpresa!
5. Yo pongo las decoraciones.

G 1. primer
2. segundo
3. tercer
4. cuarto
5. quinto

H Answers will vary.

Leer

I 1. Limpia la cocina en la tarde. (En la mañana, hace las camas y pasa la aspiradora.)
2. Leonardo no tiene que darle de comer al perro. (Carolina tiene que darle de comer al perro.)
3. Hay muchos televisores en la casa de Carolina.
4. Leonardo hace la cama.

J 1. Es una casa moderna. Un robot hace los quehaceres.
2. El perro está muy enojado.
3. Dos quehaceres importantes que hace Leonardo son lavar los platos y pasar la aspiradora (hacer las camas/barrer el suelo).

Cultura

K 1. las serenatas quiteñas
2. Otavalo
3. Mitad del Mundo

L 1. Ushuaia está en la provincia de Tierra del Fuego en Argentina.
2. Celebran las fiestas de Quito con las serenatas quiteñas (conciertos), bailes y desfiles.

Hablar

M Answers will vary.

Escribir

N Answers will vary.

Unidad 6 Answer Key

EXAMEN LECCIÓN 1

Escuchar

A 1. a viernes de las tres a las cinco de la tarde.
2. sus bates y guantes.
3. un partido a la una en el estadio.
4. comprender bien las reglas del juego.

B 1. Falso. Javier no sabe jugar al tenis.
2. Cierto.
3. Cierto.
4. Falso. Javier va a mirar la televisión.

Vocabulario y gramática

C 1. el fútbol
2. el básquetbol
3. el voleibol
4. el tenis
5. la natación
6. el fútbol americano

D 1. el campo
2. jugadores
3. pierde
4. la piscina
5. patinar
6. atleta
7. la natación

E Answers will vary.

F 1. juega
2. juegan
3. juego
4. jugamos
5. juegan

G a. 1. sabes
2. sé
3. conozco
b. 4. conocen
5. conoce
6. sabe
c. 7. Saben
8. sabemos
9. saben
10. sé

Leer

H 1. Los Rojos
2. el básquetbol
3. estudiantes y aficionados
4. Los Rojos y Los Verdes

I 1. Mario Cruz es el jugador favorito.
2. El director dice que todos los estudiantes tienen que ir al juego de básquetbol.
3. Los estudiantes no tienen que ir a la escuela si el equipo gana el partido.

Cultura

J 1. b
2. c
3. d
4. c

K 1. The **Altar de la Patria** commemorates the Dominican Republic's fight for freedom from Haiti in 1844.
2. Jaime Colson's paintings were inspired by his Dominican heritage.
3. The painting **Muchacho con cachucha** shows baseball's popularity among Dominican youth.

Hablar

L Answers will vary.

Escribir

M Answers will vary.

Unidad 6 Answer Key

EXAMEN LECCIÓN 2

Escuchar

A 1. los brazos
2. el tobillo
3. las manos
4. la cabeza
5. el estómago

B 1. Falso. Luis no nadó porque no sabe nadar muy bien.
2. Falso. Tomó el sol y descansó.
3. Cierto
4. Falso. Los amigos de Luis jugaran al voleibol en la playa.
5. Cierto

Vocabulario y gramática

C 1. la boca
2. la oreja
3. la nariz
4. el estómago
5. la mano
6. la pierna
7. la rodilla
8. el pie

D 1. Le duelen los ojos.
2. Le duele la piel.
3. Le duelen las manos.
4. Le duelen los brazos.
5. Le duelen los pies / las piernas / las rodillas.
6. Le duelo el estómago.

E 1. A Eduardo le duele el brazo.
2. A ti te duelen los ojos.
3. A nostros nos duelen las manos.
4. A ellas les duele la rodilla.
5. A mí me duele el tobillo.

F 1. nadé
2. tomaron
3. levantó
4. compró
5. buceó
6. jugaste
7. almorcé
8. busqué
9. caminó
10. llegamos

G Answers will vary.

Leer

H 1. F: Ricardo y Andrés bucearon en la playa.
2. F: Marina caminó por la playa.
3. F: A Marina le duele la cabeza.
4. F: Ricardo, Andrés, Rosa y Elena jugaron al voleibol en la cancha.

I 1. No, no es atlética.
2. Ricardo y Andrés nadaron en el mar, bucearon y jugaron al voleibol.
3. Marina no llamó por teléfono a Laura porque tiene la piel muy roja y porque le duele la cabeza.

Cultura

J 1. F: Sí puedes hacer muchas actividades.
2. C
3. F: Es de la República Dominicana

K 1. Puedes bailar, escuchar música y comer muchas comidas dominicanas.
2. Ella pintó las personas y los lugares de la República Dominicana.

Hablar

L Answers will vary.

Escribir

M Answers will vary.

Unidad 6 Answer Key

EXAMEN UNIDAD 6

Escuchar

A 1. ya sabe nadar
2. no tiene raqueta
3. peligroso
4. no sabe
5. voleibol

B 1. Cristina llegó a la casa de sus abuelos ayer.
2. Cristina y sus abuelos encontraron un restaurante bueno.
3. Cristina y sus primos nadaron en la playa.
4. Su abuelo jugó al voleibol.
5. Mañana Cristina y su familia van a ver un partido de béisbol.

Vocabulario y gramática

C 1. le duele la cabeza
2. les duele la piel
3. le duele el estómago
4. le duelen las manos

D Answers will vary.

E 1. Yo levanté pesas.
2. Los chicos jugaron al fútbol americano.
3. Mis amigos y yo buceamos.
4. Tú nadaste.
5. Mis padres patinaron.

F 1. almorzaron
2. practiqué
3. jugamos
4. ganaron
5. levantamos
6. nadamos
7. trabajé
8. jugaron(jugamos)

G 1. sabes
2. sé
3. sé
4. conocemos
5. sabe
6. conozco

H Answers will vary.

Leer

I 1. F: Álvaro patina en línea todos los días.
2. C
3. C
4. C
4. F: A Álvaro le duelen la cabeza, las rodillas y los pies.

J 1. Álvaro es sano y fuerte.
2. Álvaro patína en línea con sus amigos.
3. Álvaro está contento porque le gusta patinar mucho.

Cultura

K 1. Santo Domingo
2. el merengue
3. el béisbol
4. el Altar de la Patria

L 1. La República Dominicana, Venezuela, México y Puerto Rico son los cuatro páises.
2. Juegan al béisbol profesional en la República Dominicana en octubre, noviembre, diciembre, enero y febrero.

Hablar

M Answers will vary.

Escribir

N Answers will vary.

Unidad 7 Answer Key

EXAMEN LECCIÓN 1

Escuchar

A 1. aprender a usar una computadora.
2. aprender a navegar por Internet.
3. aprender a hacer un sitio Web.
4. aprender a usar la computadora y la cámara digital.
5. aprender a hacer música.

B 1. Cierto.
2. Falso. El padre casi nunca usa Internet.
3. Falso. El padre quiere mandar un correo electrónico.
4. Falso. El padre no quiere navegar por Internet.
5. Falso. El padre de Francisco no sabe nada de Internet.

Vocabulario y gramática

C 1. la pantalla
2. el teclado
3. el ratón
4. la dirección electrónica
5. el disco compacto

D 1. recibí
2. escribiste
3. salí
4. corrimos
5. corrió
6. corrí
7. comimos
8. comí
9. bebí
10. volví

E 1. No comí nada.
2. No hablé con nadie.
3. No recibí ningún correo electrónico.
4. No salí ni con Pedro ni con Miguel.
5. Nunca voy al centro comercial después de clases.

F 1. algo
2. algunas
3. algunos
4. algún
5. siempre

G Answers may vary.

Leer

H 1. un correo electrónico
2. al sitio Web del club de español
3. usan el mensajero instantáneo / mandan fotos / hablan en español

I 1. Su sitio Web es para los estudiantes que aprenden el español.
2. Answers may vary.

Cultura

J 1. F; Viven en las pampas.
2. C
3. F; van en diciembre, enero o febrero.
4. C

K 1. El lunfardo viene del tango
2. gomías, zapi

Hablar

L Answers may vary.

Escribir

M Answers may vary.

Unidad 7 Answer Key

EXAMEN LECCIÓN 2

Escuchar

A 1. Falso. Miguel está en el museo.
2. Falso. Miguel fue al museo.
3. Falso. Daniel dice: ¡Qué divertido!
4. Cierto.
5. Falso. Es el sábado a las ocho.

B 1. Eduardo subió a la montana rusa.
2. Eduardo y su padre fueron a los autitos chocadores.
3. La familia subió a la vuelta del mundo.
4. La familia comió hamburguesas.
5. La familia fue al teatro.

Vocabulario y gramática

C Answers may vary.
1. ¿Quieres ir al acuario?
Sí, claro.
2. ¿Quieres ir al museo?
Lo siento. No puedo ir al museo.
3. ¿Quieres ir al zoológico?
Sí, me gustaria ir al zoológico.
4. ¿Quieres ir al parque de diversiones?
No. No quiero ir.
5. ¿Quieres ir a la feria?
Sí, claro.

D Answers will vary.

E 1. fue / fuimos
2. fuiste / fue
3. fuimos / hicimos
4. fueron / hicieron
5. hiciste / fui

F 1. quiero estudiar contigo
2. quiero ir con ustedes
3. puedes ir conmigo
4. está al lado de ellos
5. compré el regalo para él
6. puedes hablar con nosotros

G Answers will vary.

Leer

H 1. C
2. Falso. A Luciana le gusta la vuelta al mundo
3. Falso. Son un poco peligrosas.
4. Falso. Sus padres van a la montaña de vez en cuando.
5. Cierto

I 1. Ella sube a la vuelta al mundo y a la montaña rusa.
2. Hay ferias durante los fines de semana.

Cultura

J 1. F, **Porteño** describe alguien de Buenos Aires
2. C
3. F, Son lugares para comer bistec.

K 1. Está en la calle.
2. En el Museo de Instrumentos Musicales puedes tocar los instrumentos.

Hablar

L Answers may vary.

Escribir

M Answers may vary.

Unidad 7 Answer Key

EXAMEN UNIDAD 7

Escuchar

A 1. su casa
2. su amigo en California
3. México
4. abrir un sitio Web
5. dejó un mensaje

B 1. El fin de semana de Sandra fue muy divertido.
2. Comieron helado en la feria.
3. Tomaron fotos en el zoológico.
4. Fueron al acuario y al museo de arte.
5. Fueron a casa a las seis.

Vocabulario y gramática

C 1. Nancy fue al parque de diversiones.
2. Tomás y Rebeca fueron al museo.
3. Yo fui a la feria.
4. Tú fuiste al zoológico.
5. Mi hermano y yo fuimos al acuario.

D 1. ¿Aló?
2. ¿Está María? (¿Puedo hablar con María?)
3. No (Lo siento)
4. un mensaje
5. te invito
6. ¡Qué divertido! (¡Claro que sí!)

E 1. vendí
2. corrimos
3. recibieron
4. volví
5. escribieron

F Answers will vary.

G 1. Nunca tomo fotos con la cámara digital.
2. No le escribí un correo electrónico a nadie.
3. No compré ni videojuegos ni películas.
4. No tengo ningún problema con el teclado.
5. No sé nada de lo que pasó.

H 1. contigo
2. ustedes
3. él
4. ellos
5. ti

Leer

I 1. F
2. F
3. F
4. F
5. C

J 1. Compró un Boleto Mágico.
2. Answers will vary.

Cultura

K 1. C
2. F; Muchas personas van a Mar del Plata en el verano.
3. C

L 1. Empezó en Buenos Aires.
2. Está en la calle.

Hablar

M Answers will vary.

Escribir

N Answers will vary.

Unidad 8 Answer Key

EXAMEN LECCIÓN 1

Escuchar

A 1. Marcos se despierta a las siete.
2. la noche
3. la cara con jabón
4. jeans y una camiseta
5. siete y media

B 1. Cierto
2. Cierto
3. Falso: Se pone los jeans.
4. Falso; Él necesita comer el desayuno.
5. Cierto

Vocabulario y gramática

C 1. Es el cepillo de dientes.
2. Es el champú.
3. Es el peine.
4. Es el secador de pelo.
5. Es la toalla.

D 1. me baño/ me seco
2. se despierta/ se ducha
3. se lavan la cara/ se maquillan
4. nos cepillamos los dientes/ nos acostamos

E 1. Estoy vistiéndome. / Me estoy vistiendo.
2. Estoy leyendo un libro.
3. Estoy secándome el pelo. / Me estoy secando el pelo.
4. Estoy poniéndome el bloqueador de sol. / Me estoy poniendo el bloqueador de sol.
5. Estoy haciendo el esquí acuático.

F 1. Me voy a despertar / voy a despertarme a las seis.
2. Los chicos se van a poner / van a ponerse una chaqueta.
3. Mis padres van a acostar a mi hermano menor.
4. Tú vas a secar al perro.
5. Ustedes se van a acostar / van a acostarse temprano.

G 1. Usted se está peinando. (Usted está peinándose.)
2. Nosotras nos estamos maquillando. (Nosotras estamos maquillándonos.)
3. Yo me estoy secando las manos. (Yo estoy secándome las manos.)

H Answers will vary.

Leer

I 1. Falso. Se levanta a las diez.
2. Falso. Otras personas visten al rey.
3. Falso. Normalmente se despierta a las seis.
4. Falso. Luis vive en el campo y estudia en la ciudad.

J 1. Porque no tiene que hacer nada.
2. Luis va a llegar tarde porque se levantó tarde hoy.
3. En el tren, Luis está afeitándose, poniéndose la chaqueta y peinándose.

Cultura

K 1. b
2. b
3. c
4. c
5. a
6. a

L 1. Regatean
2. libros, ropa, comida

Hablar

M Answers may vary.

Escribir

N Answers may vary.

Unidad 8 Answer Key

EXAMEN LECCIÓN 2

Escuchar

A 1. Voy a dormir en un hotel.
2. Voy a comer al aire libre.
3. Quiero el segundo viaje.
4. Quiero el primero viaje.
5. Quiero el viaje al campo.

B 1. Cierto.
2. Cierto.
3. Falso. No paga el primer precio que le ofrecen.
4. Falso. Paga 30 dólares.
5. Cierto.

Vocabulario y gramática

C 1. Los chicos están haciendo una parrillada.
2. Carlos está practicando el esquí acuático.
3. Carlitos y Carlota están montando a caballo.
4. La Sra. Pérez está regateando.

D Answers will vary. Sample answers:
1. Julio le compró una cerámica a su padre.
2. El collar cuesta diez dólares.
3. Los aretes son de plata.
4. Julio quiere el anillo.

E Answers will vary. Sample answers:
1. ¿Qué artículos compras cuando viajas?
2. ¿Qué prefieres comprar? ¿Artículos baratos o caros?
3. ¿Qué te gusta más, el oro, la plata o la madera?
4. ¿Te gusta llevar joyas?

F 1. me compraste
2. te compré
3. les tienes
4. le tengo
5. le compré
6. nos compraste
7. les tengo
8. me das

G Answers will vary. Sample answers:
1. A mi maestro(a) de español le voy a comprar unas artesanías.
2. A mis primos les voy a comprar unos artículos de madera.
3. A mi mejor amiga le voy a comprar un anillo de oro.
4. Me voy a comprar unos aretes de plata.

H 1. Esta
2. Ese
3. Aquellos
4. Estas

Leer

I 1. Cierto.
2. Falso. No la contestó.
3. Falso; No quiere contestar más preguntas.
4. Falso. No le dice su problema.

J 1. Le preguntó al Sr. Ross si ella tiene que contestar la primera y la segunda pregunta.
2. Porque ella nunca habla inglés.
3. Su problema es que no estudió la leccion.

Cultura

K 1. El café de Costa Rica es muy bueno por el tiempo de Costa Rica.
2. durante los meses de noviembre, diciembre y enero.

L 1. Los autobuses, los taxis.
2. Hay muchos taxis de colores, como el rojo y el anaranjado.
3. Es pintor.

Hablar

M Answers may vary.

Escribir

N Answers may vary.

Unidad 8 Answer Key

EXAMEN UNIDAD 8

Escuchar

A
1. a
2. c
3. a
4. a
5. b

B
1. El anillo cuesta doscientos dólares.
2. Es muy caro.
3. Los aretes son de oro.
4. Sí. Verónica regatea cuando compra los aretes.
5. Verónica paga cincuenta dólares.

Vocabulario y gramática

C
1. montar a caballo
2. dar una caminata
3. hacer una parrillada
4. hacer surf de vela
5. leer un libro

D
1. estoy comprando
2. estoy tomando el sol
3. están leyendo
4. están llegando
5. estás vendiendo

E
1. le
2. les
3. le
4. les
5. me

F
1. me
2. caro
3. Le
4. los aretes
5. anillos

G
1. estos
2. esos
3. ese
4. estas, esas
5. estas, esas, aquellas

H
1. Para lavarme el pelo.
2. Me seco el pelo.
3. Para peinarme.
4. Para cepillarme el pelo.
5. Me lavo los dientes.

I Answers will vary.

Leer

J
1. Falso. Rosa Red baila y canta
2. Cierto.
3. Cierto.
4. Cierto.

K
1. Rosa usa la rutina para aprender el español. Ella va al gimnasio, trabaja y se duerme aprendiendo español.
2. Es muy fácil. Si lo hace todos los días, aprende más español.

Cultura

L
1. b
2. a
3. a
4. b
5. b
6. a

M
1. Porque hace buen tiempo.
2. carretas

Hablar

N Answers may vary.

Escribir

O Answers may vary.

Examen final Answer Key

Escuchar

A 1. b
   2. a
   3. b
   4. a
   5. a

B 1. b
   2. a
   3. a
   4. b
   5. b

Vocabulario y gramática

C 1. a
   2. d
   3. a
   4. b
   5. d
   6. b

D 1. a
   2. a
   3. c

E 1. b
   2. b
   3. a
   4. d
   5. b
   6. b
   7. a
   8. b
   9. d

F 1. b
   2. a
   3. a
   4. b
   5. b
   6. a
   7. b
   8. b

G 1. a
   2. b
   3. a
   4. a
   5. a

H 1. b
   2. c
   3. b
   4. a

I 1. b
   2. a
   3. c
   4. a

Leer

J 1. b
   2. b
   3. b
   4. a
   5. a

K 1. a
   2. b
   3. a
   4. b

Cultura

L 1. a
   2. b
   3. b
   4. c
   5. a
   6. c
   7. c
   8. d
   9. a

Hablar

M Answers will vary.

Escribir

N Answers will vary.